HOW TO MAKE CHAMPIONS

冠军的品格

让孩子受益一生的顶尖运动员培养方法

[美]盖布·贾拉米洛（Gabe Jaramillo） [美]吉亚斯·霍尔（Gyasi Hall）著　余正玥 译

中信出版集团 | 北京

图书在版编目（CIP）数据

冠军的品格：让孩子受益一生的顶尖运动员培养方法 /（美）盖布·贾拉米洛，（美）吉亚斯·霍尔著；余正玥译 . -- 北京：中信出版社，2024.3
书名原文：How to Make Champions
ISBN 978-7-5217-6214-3

Ⅰ.①冠… Ⅱ.①盖…②吉…③余… Ⅲ.①运动员－人才培养 Ⅳ.①G808.18

中国国家版本馆CIP数据核字（2023）第239351号

How to Make Champions: Parenting children into elite athletes and lifelong champions
by Gabe Jaramillo and Gyasi Hall
Copyright © 2023 Gabe Jaramillo and Gyasi Hall
Chinese translation copyright © 2024 by CITIC Press Corporation
ALL RIGHTS RESERVED
本书仅限中国大陆地区发行销售

冠军的品格——让孩子受益一生的顶尖运动员培养方法
著者：　[美]盖布·贾拉米洛　[美]吉亚斯·霍尔
译者：　余正玥
出版发行：中信出版集团股份有限公司
（北京市朝阳区东三环北路27号嘉铭中心　邮编 100020）
承印者：　北京盛通印刷股份有限公司

开本：880mm×1230mm 1/32　印张：6.75　字数：140千字
版次：2024年3月第1版　印次：2024年3月第1次印刷
京权图字：01-2024-0321　书号：ISBN 978-7-5217-6214-3
定价：59.00元

版权所有·侵权必究
如有印刷、装订问题，本公司负责调换。
服务热线：400-600-8099
投稿邮箱：author@citicpub.com

目录

前言 III

第一章 冠军原则

第一节　才华是天赋加努力的产物　003
第二节　把握孩子的早期关键成长阶段　014
第三节　培养冠军素养的十要素和三领域　023
第四节　知识就是力量　030
第五节　平等待人是有效沟通的基础　038
第六节　竞争的环境比输赢重要　047

第二章 基础先行

第一节　像导航一样制订阶段性计划　059
第二节　合理安排练习量　066
第三节　把控练习质量　075
第四节　全身心参与的刻意练习　081

第三章 细节还是细节

第一节　性别差异与因材施教　089
第二节　个性有种无形的力量　100
第三节　养成惯例的重要性　108
第四节　找到能够不断提升的专项训练　116
第五节　训练也需要新鲜感　120

第四章 心理战胜一切

第一节　无所畏惧　131
第二节　想象是迈向卓越的第一步　138
第三节　端正态度，持续进步　145

第五章 冠军团队

第一节　父母的角色是重中之重　155
第二节　好教练的核心原则是牺牲　171
第三节　团队的共同职责　180
第四节　投资与回报　189
第五节　适销性与商业价值　198

后记　206

前言

毫无疑问，体育有一种超凡之美。这种美在顶尖运动员身上体现得尤为突出，他们卓越而神圣的壮举，一次次地超越了人类极限。这种成就之美将运动员与观众紧密联结在一起。任何人都可以欣赏这种美，不需要相关技术或能力便能领略其精彩绝伦之处：体育迷、运动员甚至是体育见习生，都可以敬仰运动员，分析比赛细节，感受运动健儿深耕体育事业、永不放弃、矢志不渝的运动精神。

观众可以通过传闻、宣传及运动员的实际表现了解其经历及成就，但是实现这种成就的具体细节却鲜为人知。这种局面主要源自运动员的动力。这股力量成就了运动员，使其成长，但到头来也会限制他们，甚至是贬损他们的光辉形象。简而言之，观众只关注运动员的训练日程表、心理建设、训练技巧及联赛计划，因为正是这些东西让他们变得与众不同。相比而言，运动员的其他经历则显得乏味和无关紧要了。

当然，只有我们这些行业资深人士才明白，成长阶段是运动员职业生涯中不可或缺的一部分。换言之，行路而非成天纠结于路之所指才是最重要的，也是最有乐趣的。众所周知，真正成就顶尖运动员的是长年高强度的训练，而非某场比赛的胜利，更非虚假的头条炒作和媒体宣传。

对运动员的父母及教练而言，本书旨在帮助他们了解自身在运动员成长阶段中的职责。为此，本书将从两个方面进行阐述，即实用的身体训练步骤和正确的训练理念，以帮助运动员达到最高的竞技水平。本书将分析并审视一切有助于培养顶尖运动员的因素，以及这些因素相互作用与影响的方式。同时，本书也将从诸多方面剖析这些因素之间的关系，以期突破数据与故事、学习与研究、个人经历与行业信息之间的层层障碍，来探究运动员在训练中真正的核心问题。本领域的专业人士都了解：培养冠军实际上是一个全方位、整体性的过程。我读过诸多教练书籍，均未能真正领会教练对运动员以及该项运动本身负有何等重要的职责。单凭老生常谈、直觉、花招或数字运算无法实现顶尖运动员所追求的那种伟大。实现这种目标要复杂得多，因而对我们的要求也高得多。基于深入的分析，本书将就如何满足这些要求展开讨论。

首先，本书中的"顶尖运动员"所指何人？其实，他们指的是那些登上了各自项目顶峰，且已然超越该项运动本身的运动员。他们不仅是家喻户晓的名人，还永远地改变了一项运动：如网球界的阿加西、威廉姆斯姐妹、费德勒和塞莱斯，以及其他运动领域的飞人乔丹、老虎伍兹、飞鱼菲尔普斯和拳王阿里。鉴于这些运动员的形象超凡脱俗，公众普遍忽视了他们历经的艰苦训练，并倾向于认为运动员及其成就无比神圣。但正如前文所述，这是不正确的。这些运动员及其成就与其说是得益于天赋，不如说是得益于天赋的磨炼方式与时机。本书所要讨论的重要内容，就是天赋和训练之间的关系，以及如何有效地促进这种关系。

其次，本书将重点讨论与网球相关的内容。近四十年来，作为世界级运动员的教练和导师，我主要关注的领域就是网球。但是，书中提到的这些准则，大多来自实现人生潜能的基本真理，均以职业道德、韧性、诚实及健康的竞技精神为指导意见。尽管其中的具体细节可能并不普遍，但绝大部分经验不仅适用于各种体育项目，也适用于生活中的方方面面。

2011年7月9日，阿加西入选国际网球名人堂。在发表获奖感言时，他提到了网球之于非专业人士自我实现的意义。"大量的网球专业术语来自生活：发球（英文亦为服务之意）、占先（英文亦为优势之意）、破发（英文亦为突破之意）、失误（英文亦为过错之意）、零分（英文亦为爱之意）。网球教会了我们如何成熟理性地面对人生……从网球中，我们可以领悟到人际交往的微妙之处以及佛学中的因果报应。以打网球为生，会让你永远铭记我们之间的相互联系。"本书旨在帮助运动员及教练了解这种内在和外在的亲密关系。

最后，请诸位在深入阅读本书时，再思考一下，对于与体育及运动训练相关的老话有何看法。这些老话通过文化渗透给我们留下了根深蒂固的印象，比如熟能生巧、成功诞生于付出与动力；运动员参与团队竞赛就好比众人划桨开大船；赛场如战场；如好莱坞影视剧中的情节一般，十足的勇气与顽强的毅力能帮助运动员扭转颓势、逆风翻盘等。从技术及情感层面上来讲，与培养顶尖运动员相关的老话和类比均有事实依据。纵然顶尖运动员的成功离不开反复训练、团队协作和决心，但是上述老话与目标一样，具有一种催人奋进的力量。这些通俗和普适的老话不仅为人们所理解和接受，还为顶尖运动员成就丰功伟业指明了方向。在实践后，你会发现变革性训练的支撑理念是对这些老话的深度提取、去芜存菁。简单地说，在胜负如此重要、目标如此远大、才华如此丰沛的领域，老话有了全然不同的分量和意义。下面我将教你如何使用这些原则来训练运动员，帮助他们释放自己的全部潜能。让我们开始吧！

想象 | 性别差异 | 及时调整 | 诚实
个性 | 成就感 | 适时评估 | 新鲜感
才华 | 连续性 | 阶段性计划
练习量 | 专注力 | 纪律性
早期专门训练 | 知识
平等沟通 | 竞争的环境

第一章
冠军原则

HOW TO MAKE CHAMPIONS

第一节
才华是天赋加努力的产物

关于毕加索有一则传说,这则传说听起来更像是一个现代的寓言故事而非真实的历史事件。故事是这样的:有一天,毕加索坐在巴黎某公园的一张长椅上,一边吹着和煦的微风,一边享受着休闲的午后时光。至于此时他多大年纪,或是处于艺术生涯的哪个阶段,我们都无从知晓。也许他著名的反战作品《格尔尼卡》正在全球巡回展出,又或者他正开始尝试挑战透视画法,而这将在日后促进立体主义的发展。总之,此时毕加索已是尽人皆知的著名画家了。就在这时,一名年轻女子走近毕加索,停在他所坐的长椅旁,并表示自己非常喜爱他的作品,还恭敬诚恳地请求毕加索为自己画一幅画。毕加索答应了她的请求,随即拿出一张小纸片,仅用娴熟的一笔就画下了他面前的这名女子。毕加索将画像递给她时,女子的喜悦之情溢于言表。

"谢谢你！你仅用一笔就画出了神形兼备的肖像，真是不可思议啊！简直就是神来之笔嘛！我该付你多少钱呢？"

毕加索平静且坦率地说："五千美元。"

"什么？"年轻姑娘困惑不已，"你在开玩笑吗？就这小小的肖像，你也要收这么多钱？而且你只用一分钟就画完了呀！"

传言中毕加索粲然一笑并反驳道："不，亲爱的，我用了一生的时间。"

尽管不知故事是真是假，但是它有力地阐明了技能的实际运作方式。听到此故事后，我们不再认为才华是一种与生俱来的、神奇的东西，那是对才华最致命的误解。这种观点的盛行向我们展现了观众与他们崇拜的天才之间的关系，即迫于一种极其深刻且强烈的冲动，观众会认为天才是天生的。这种惊讶感有利用的价值，因此市场营销与品牌管理人员对其煽风点火、推波助澜。

但是才华并非如此，没有谁生来就在各个方面优于他人。1998年，科学期刊《行为与脑科学》刊登的一篇论文验证了所谓的"才华储量"的合理性，其核心观点是：一个人在特定任务中的技能水平主要取决于其相关内在能力的存量，而非早期经验、机会或训练等外部因素。研究员豪伊、戴维森和斯洛博达综合了生物学、心理学和社会学领域的最新研究成果，发现一个人的技能水平确实与生理因素有关。但才华储量的观点

"过于夸张和简化"了。对才华更准确且负责任的看法是"人类尚未测算的生物学因素对一项特长的影响"。

二十多年之后，人类仍未发现与才华相关的遗传因素。但是，我们都知道遗传因素对才华有着间接的影响，比如某些运动员与生俱来的身体素质让他们在特定的运动项目中占据优势。相对其他体形较小的篮球运动员而言，奥尼尔的体格——身高超215厘米、重147公斤具有明显优势，而西蒙·拜尔斯仅高141厘米、重47公斤，这样娇小的体形却帮助她成为美国历史上最著名的体操运动员。

除一般的静态优势之外，某些人在儿童时期就展现出与生俱来的天分，比如从小就十分擅长某项运动或智力活动。但是他们若得不到认可与磨炼，这种天生的才华就形同虚设。若年轻运动员及其父母认为才华是天生的、一成不变的，将对运动员造成不可磨灭的伤害，因为有这种想法的人在挫折面前不堪一击。这种想法从根本上曲解了才华的本质。实际上，才华需要大量的辛劳付出才能被激发出来。马尔科姆·格拉德威尔因在《异类》一书中提出一万小时定律（即一个人需要至少一万小时的反复练习，才能成为某个领域的专家）而闻名于世，但是人们误解了这条定律。并不是只要投入一万个小时，你就可以自然而然地成为某个领域的佼佼者，或者由此变得更加优秀，而是像格拉德威尔本人后来在一次线上采访中阐述的那样："与生俱来的才华需要大量的时间投入才能彰显出来。"

才华的发展更像是生产而非天赐。天赋之于顶尖的运动能力,就像石油之于塑料、树木之于桌子或是钢锭之于桥梁。天赋是需要塑造和精炼的原料,经过一系列复杂的磨炼和应用而逐渐变化形态,最终成为卓越的运动能力。

2019年10月,我有幸与杰出的研究员兼企业总裁库马尔·梅塔博士交谈了一番。他是创新科学领域的专家。他的畅销之作《创新生物群落》阐述了企业如何利用创新原则打破传统观念的束缚,创造更优质的产品,同时造福社会。

在那次会面时,他正在试图破解"才华密码",以理解才华在各领域工作者身上展现出来的复杂本质。我们分别坐在书桌的两侧,他总是因我背后的几张大幅肖像画而分神,画上的人都是我多年来训练过的明星球员:玛丽亚·莎拉波娃、阿加西、安娜·库尔尼科娃、马塞洛·里奥斯、吉姆·考瑞尔等。随后,我谈起第一次发现这些运动员有才华的时刻:玛丽·皮尔斯十岁才第一次拿起网球拍,当天下午就能在顶级球场上打球;在日本观看十一岁的锦织圭比赛时,他面对场边众多的职业选手、赞助商以及大批观众毫无惧色,走位、挥拍一如往常,每次击球都能挥洒自如;等等。

我看到梅塔博士脸上露出理解的神情。儿子两岁时,梅塔博士带他到医生那里做常规检查。他们父子俩在候诊室候诊时,梅塔博士看到一个孩子在椅子和茶几上爬上跳下，其所展现的平衡与协调能力是他儿子远远不及的。后来，梅塔博士投入大量时间和金钱，试图磨炼他儿子的运动能力，但儿子对运动提不起兴致，梅塔博士也只好放弃了。最终，梅塔博士的儿子进入美国顶尖大学学习，成为一名成功的工程师。谈到识别儿童早期天赋的话题时，梅塔博士意识到，如果自己当时不执着于磨炼儿子并不存在的运动才华，而是对他展现的数学天分加以培养，也许儿子会获益更多。

再举一个例子：克里斯托弗是我的儿子，他出生后不久家人就叫他"小强"，因为他早产后展现出了顽强的斗志。这后来也成了他个性中的一部分。八岁时，他比周围的大多数孩子都要高大强壮，重59公斤。投身球场后，他极好地发挥了自身的体形优势，成了橄榄球防守截锋。小强对橄榄球不改初心，训练时一丝不苟。为了提升竞技水平，他接受了严酷的项目训练，从不停歇。从身体素质来看，小强极具潜力，甚至能凭借赤子之心与勇气将体内的一部分潜力挖掘出来。但由于缺乏橄榄球运动战略中重要的认知能力，他也无法成为一名伟大的橄榄球运动员。比赛时，他经常误判球的飞行轨迹，站位失误。当然，这并不是说他太笨了，不适合这项运动，只能说明他的天赋在别处。通过投身橄榄球运动，他觉察到了自己在这项运动中无法适应的地方：对团队的依赖以及影响每场比赛的诸多变数。

后来，他把从橄榄球运动中学到的技能应用于更适合他天性的运动——武术。现在他已是花郎道、跆拳道大师。实践说明：我们既要了解孩子的优势，更要发挥他们的优势，这就是天赋加努力。

下面我谈谈开发儿童的才华时，一个常常被忽视与误解的基础原理。不可否认，才华与潜力相互交织，但是它们是全然不同的。虽然这两个词在口语中可以互换，但是对于体育界而言，它们之间有着极大的区别。潜力指的是我们做某件事的能力上限，而才华指的是我们基于自身能力做这件事所取得的成功。这么说可能有点卖弄学问，甚至有点违背常理，但这两者之间的区别至关重要：体育训练在心理层面旨在引导运动员正确地转换视角，包括自身力量与外界力量两种视角。基于此，我们便可理解才华与潜力之间的区别，即原始才华经过磨炼也不能保证带来等价的收获。比如，对于没有歌唱才华的人而言，其歌唱能力的提升空间十分有限，因而他们更加容易实现自身的"全部潜力"。然而对歌唱水平更高的人来说，因为他们潜力更大，所以实现自己的全部潜力也会更加困难。我们可以借助长途旅行前打包行李的类比来帮助自己理解这两者之间的关系：潜力是手提箱的容量，而才华则是放进手提箱的衣服、化妆品和其他物品的数量。我们可以把磨炼才华的过程理解成寻求高效的打包方式，比如利用特别的衣物叠法、隐藏的口袋，或是选取尺寸更加合适的行李箱。

培养孩子的运动才能时，我们需要遵循以下三步。这三步之间是层层递进、环环相扣的关系，若我们能将它们运用到孩子的童年生活中，便可以为孩子将来的职业生涯打下坚实的基础，同时也能帮助自己明确自己的职责。

第一步：认清孩子的能力。这不限于前文谈及的"我的孩子在哪方面更有天赋"等类似的表层问题。当然，澄清这些问题是非常必要的。但是，我们不应该只关注孩子的天赋。我们还应该了解孩子真正的兴趣所在，他们更倾向于参加哪种活动，以及他们在怎样的情境下会更自在或者不自在。尽早认清自己孩子的志趣将为我们节省大量的时间与金钱，梅塔博士的事例就是一个证明，同时，这对建立良性、友好的亲子互动关系也大有裨益。孩子要亲身发现与创造顶尖运动员所需要的诸多特质。愤怒、怨恨和胁迫对年轻运动员的职业生涯有着致命危害。另外，真正伟大的运动员必定十分热爱自己所投身的运动。这种热爱可以慢慢培养，但是它必须是自发的。优秀的家长明白：孩子抱怨时，我们不能一味地迁就他们。当然，某些顶尖运动员开始专门的运动训练时还十分年幼，他们还无法通过认知来衡量自己肩负的重任，因而也会十分顺从父母的要求，比如特蕾西·奥斯汀。三岁时，母亲便开始让特蕾西"打"网球。1980年，她便在国际女子网球协会中位列第一；十七岁时，特蕾西又成为美国网球公开赛历史上最年轻的女子单打冠军。然而，且不谈这种培养方式背后的道德问题，单是它的效果就相当不稳定。毫无疑问，让孩子尽早开始训练，的确会给他们带来巨大的好处，但有待商榷的是何时开始训练以及如何训练。不管我们多早开始训练孩子，若他们缺少前文所述的天赋，那么他们也无法实现特蕾西所达到的成就。事实上，过早开始严苛的训练不仅不能点燃天赋的火花，反而会掐灭这种火花。

想发现孩子身上的运动天赋，至关重要的是了解每个孩子或多或少都会表现出的基本身体素质，比如力量、耐力、平衡性与协调性等。

请记住，每个人都拥有这些身体素质，只要我们充分了解孩子及其素质，便能从孩子日常的玩乐与兴趣中发现他们的优势所在。

显而易见，这些基本的身体特质能帮助运动员做出更为复杂和具体的体育动作。正如前文所述，所有的体育训练都基于对基本技能的掌握，甚至在孩子接触训练与运动项目规则之前，这些基本技能就已经开始发挥作用了。体育训练中的基础动作包括投掷、接物与挥击。某些运动如网球，就囊括了近乎所有基础动作，而其他运动如高尔夫或掷镖，则只包括一两种基础动作。因此，再强调一遍，了解各项体育运动中错综复杂的基本要素和孩子展现的独特天分，对早期训练及比赛是极有帮助的。

与身体技能一样，儿童也会表现出一系列正在发展的认知与心智技能，如注意力的持续时间和信息处理的速度。各项体育运动对运动员的能力与层次要求不同，但都包含一套较为复杂且不言自明的重要认知行为，比如理解规则、把握时机、看清自己的定位等。这些行为与上文谈及的认知能力直接关联，父母可以观察孩子在认知与心智能力方面的发展，如志向及工作理念等。

早期培养孩子运动潜能的第二步：熟悉当地的体育文化。为此，父母需要进行大量的调研。关键是既要了解当地体育场为少儿运动员提供的成长资源，也要明白以下问题。当地政府支持和高度重视什么运动项目？哪里能找到可以帮助孩子针对优势运动项目进行训练的专业教练？这些教练的专业水平如何？他们收费多少？为了让孩子得到应有的训练，是否需要搬家？若孩子没能成为职业运动员，当地是否有大学能为其提供奖学金？假如家长仍未采取行动，孩子还能否在体育界或者其他领域有所发展？纵使以上问题难以回答，或答案并不总是直截了当，但它们也是孩子成功路上的重要课题。随后，本书将专门探讨父母对于孩子成为顶尖运动员的职责。但是现在我只想说明，在孩子的儿童时期，父母对他们的健康和成功的介入是最直接的。上述问题着眼于孩子的成功、幸福与健康，并将为我们与孩子职业生涯之间的整体关系奠定基础，所以在解决这些问题时，我们应该保持诚实和谦逊。

在运动员职业生涯早期，如此调查还能为孩子带来两个额外的好处。第一，消息灵通能帮我们了解该行业的诸多细节以及内情，包括一些看似无足轻重但实际上在特定情形下大有裨益的信息。例如，某年十二月出生的孩子与次年一月出生的孩子同时受训并参加初级排名赛，通常情况下，一月出生的孩子将会占据优势，因为尽管他只比前一年十二月出生的孩子小一个月，但是他往往会和比自己小一岁的孩子竞争。由于儿童的身体发展极为迅速，一岁的年龄差距往往意味着巨大的生理及心理差异，这甚至会决定一场比赛的比分。除了运动员本身的竞技水平，年龄也是球探、教练和潜在赞助商关注的少数几项数据之一，这也是因为在运动员职业生涯早期，仅有这些数据可供参考。当然，这并不能保证什么，但当考虑不周的父母忽略这类细节时，消息灵通的父母便能据此进行谋划。

第二个好处就没那么复杂了。据统计，尽早接触专业体育训练的孩子在竞赛中更占优势。而选择教练及训练计划时，做足调研则能帮助父母做出更明智的决定。早期专门训练将在后文具体展开，所以此处就不赘述了。但是让孩子在五六岁就对其极具潜力的体育专业训练感兴趣，几乎是培养顶尖运动员的必要条件。

磨炼孩子的天赋和积极规划运动员早期职业生涯的第三步：

了解及遵循可训练性窗口。换言之，要掌握孩子成长过程中每个窗口期对应的训练手段及训练重点。所谓的生理窗口或机会之窗正是如此定义的，就是指快速优化学习、改善竞技表现的最佳时机。二至四岁是第一个阶段，从此时起，孩子就会基于各自的体育项目训练获得不同的成长。

当然，巅峰之位是运动员在成长过程中面对的最后一道更大的难关，像才华一样，它也并非一成不变。鉴于运动员在职业生涯中不断起伏与成长，巅峰之位不断变化。这并不是因为运动员的排名是以滚动的方式进行计算的，即仅采用运动员近52周的成绩进行排名，而是因为顶尖运动员的训练之路本就不是一条坦途。这条路似乎是由无止境的常规赛、运动会、对抗赛及锦标赛铺成，而且每经历一场比赛，参赛者都汲取了经验，提升了竞技水平。顶尖运动员必须不断获得内在和外在成长，全力以赴地培养天赋，哪怕面对损失也砥砺前行、追求卓越。他们必须善于运用自己的学识与专长去破除面前的重重障碍，因为前进的道路永无止境。

第二节

把握孩子的早期关键成长阶段

　　的确，年轻运动员对某些类型的动作几乎有着天生的偏向性，我们可称之为"天赋"。但天赋的实际表现与实现方式主要取决于运动员及其父母与教练等人所掌控的外部因素，比如时机。顶尖的竞技是极其严酷的，几乎所有人都无法实现真正的伟大。部分原因是运动员稳定的身心要素需要在发展的最初阶段开始磨炼。在生命的头十年，身心的可塑性最高，所以父母与教练必须趁热打铁。

　　让我们来回顾上一节中的例子，时机在钢锭铸成桥梁的一系列复杂步骤中发挥着重要作用。或者，我们也可以思考一下水果及其产品的生产过程。想一想制作一瓶葡萄酒需要哪些步骤：种植、培育、收获、榨汁、发酵、过滤、陈酿、装瓶和即产即销。显然，因为像水果这样的有机物易腐烂，所以生产过程中的每个步骤都要注重时机。从藤上摘下第一颗葡萄之前，我们就需要做出一系列与时机相关的决定，比如确定适合种植葡萄的季节、根据我们想要制作的葡萄酒种类选择葡萄以及规划葡萄园的雏形。怎么为葡萄的成熟预留足够的空间？为了资助与销售我们最终希望制造的产品，我们需要与制造商和经销商达成什么样的财务协议？如何平衡成本与未来的收益，从而实现盈利？

以上所有决定均需在我们真正开始酿酒之前做出。这些普遍的准备工作与体育运动中早期专门训练背后的原则相同，道理很简单：如果孩子能在成长早期就专注于某项运动，他们便能在这项运动中取得更大的成就。

我孩子的母亲是美国人，很相信美国非常流行的全面发展式体育参与方式。它是指让孩子尽可能多参加各种体育运动，并依据季节的不同来更换运动项目，以便让他们尝试各种选择，最后观察他们喜欢什么运动项目。我的孩子尝试过橄榄球、足球、体操、网球和高尔夫，还参加过艺术培训班和其他类似的课外活动。尽管他们都有运动天赋，但在十二岁时只是般般皆会，件件不精。由于他们对任何运动项目都不感兴趣，最后他们什么都没能坚持下来。

若父母不强求孩子提升某项运动的技能水平，只关注参加运动给孩子带来的社交、身体和心理好处，那就可将时间表安排得更随意一点。但父母若希望孩子成为一名专业运动员，那早期专门训练就很有必要了。

上述观点可通过以下研究进行佐证。2005年，亚利桑那大学的两名学生米娅·麦科克尔和奥德丽·博克斯泰特做了一项研究，以厘清体育运动中早期专门训练的意义。她们预测，运动员的成功得益于早期专门训练。后来，研究结果证实了她们的猜测。未接受早期专门训练的受访者中仅12%的人获得了成功。这里的成功指的是受到招生专员的青睐，拿到奖学金。而接受早期专门训练的受访者中却有近60%的人取得了成功。米娅·麦科克尔和奥德丽·博克斯泰特报告："尽管当时许多专家和医生都认为参加多元化的运动更有益处，但我们还是正确地预测了这个结果。早期专门训练的成功在于为有运动才能的人提供了更多的机会，大学招生专员更容易注意到他们而不是业余运动员"。我们的目标是训练运动员，因此这种区别于我们而言其实并不重要。无论专门训练是有助于培养运动能力，还是有助于向不同的赞助商展示这种能力，这两方面的作用都是相辅相成的，都有助于运动员的成长，都是无价之宝。

当然，这并不是最终的结果。这项研究的调查对象规模相当大，却没有权威性。研究者也承认这项研究具有局限性。虽然目前一切有待考证，但研究提出的观点还是值得信赖、符合直觉的，即通过认真而具体的训练来占据领先地位在任何领域无疑都是有益的。如果这些数据的差异在大学水平上如此巨大，那么我们可以想象其在更高水平的职业运动员中将会更加明显。

这并不是说孩子只能参与一项运动。恰恰相反，他们还可以进行交叉训练，即运动员在对一项运动进行专业训练的同时，也可以随意练习其他运动项目。实际上，交叉训练对运动员的健康成长至关重要。年轻运动员通过参与不同的体育运动和采取不同的策略，不仅可以避免过度疲劳，还可以保持身心敏锐。若运用得当，交叉训练可将其他运动转化成一种辅助训练，或一种活跃、放松、饶有趣味的娱乐方式。早期专门训练的关键在于：年轻运动员及其支持系统应将资金与时间集中投入某一项运动，但这些资源并不局限于某一项运动。不过，与其他事情一样，交叉训练需适度应用。

当然，也有特例，在职业生涯早期的大部分时间里，小部分职业运动员似乎在某两项运动上同样有天赋。直到最后，他们才决定从事哪一项运动。众所周知，费德勒要在网球与足球之间进行抉择，而詹姆斯则要在篮球和橄榄球之间进行取舍。很显然，这两位既是各自运动项目的佼佼者，也是整个体育史上伟大的运动员。但以上事例相当罕见甚至可以忽略不计。因此，同时针对多项运动进行严格训练，不是明智之策。

培养顶尖运动员时，早期专门训练至关重要的另一个原因是，像游泳、高尔夫和网球这样的个人运动比团队运动更加专业。它们没有特定的位置划分，也没有可以依赖的队友，因此一切都要独自承担。学会打好比赛意味着运动员要调整打法，以适应不同对手的细微差别与反击。由于这些运动要求运动员只能依靠自己，因此他们更具有全局观。而网球则可能是对互动性、策略性以及身体素质要求最为严苛的一项运动。由此可见，在技术性极高的个人运动项目之间切换时，无论运动员有多优秀，他们都将面临挑战。因而，早期专门训练正是帮助有志向、高水平的年轻运动员最大化地利用技能的关键因素。

我们可以参照语言学习来理解早期专门训练。儿童大脑的语言学习部位还处于早期发展阶段，因此他们会有更好的生理基础去学习一门复杂的新语言。这也就是为什么我们经常看到在双语家庭长大的孩子，一开始便能熟练地掌握两种语言。成年人学习一门新语言时，情况就会截然不同。成年人即使运用更系统、更精简的学习方法，并按照遗忘曲线来记忆词汇和语法，也会觉得难上加难。这是因为成年人大脑中吸收功能最强的部位业已"冷却"，其大脑也已经定型、发育完全，可塑性自然也就降低了。此时，他们所接受的知识将被视为一种全新的信息，通过其"初始"语言的滤镜被审视，而无法成为其中的一部分。这一原则同样适用于顶尖运动员的所有身体素质要求，在较小程度上也适用于认知能力要求。

听到这些，你也许会产生一些道德上的疑虑，比如在孩子的身体和大脑尚未发育成熟或者他们还没有能力做决定之前，就让他们开启如此艰难且紧张的训练生活是正确的吗？这种担忧完全可以理解。我们或许听过类似特蕾西这样的故事，或者所谓的"虎妈"对其孩子造成的精神创伤，我们也许还从阿加西的自传中得知他曾经痛恨网球。而且阿加西的父亲对他也十分严厉，在他年幼的时候就逼迫他训练。听说阿加西的父亲为了训练他的手眼协调能力，让两岁的他站在高脚椅上击打气球时，我们不禁产生疑问：这种早期训练在本质上是不是一种虐待？

毫无疑问，的确有许多父母试图将他们的虐待及偏执行为伪装成望子成龙的严格投资。父母也并非总是如此，但是他们对孩子的这种操控也会在或长或短的时间内对孩子造成伤害。但早期专门训练则根本就不是一种虐待策略，因为它的正确实施完全基于父母与孩子之间健康且顺畅的沟通。本书后文会专门讨论沟通，沟通是早期专门训练的基础组成部分。回到当前的主题，我们需要注意的是：父母的职责是鼓励并梳理他们从孩子身上看到的潜能。下面两者之间有着极大的区别：强迫一个两三岁的孩子走上你为他选择的人生道路，并切断任何可能通向运动之外的道路；让孩子从小就接触各类活动并观察他们的兴趣与优势所在，再为他们提供专业援助来支持他们的热爱。如果运动员自身成就伟大的动力并不强，那么再多的外界压力与指导都是徒劳。同样，运动竞技中的诸多核心要素，也必须由内部的自制引擎来产生与激发。

然而，亲子关系很难看得透彻，尤其是对外人而言。以阿加西为例，从我的视角来看，在我训练阿加西的时候，他似乎并不讨厌网球。如果阿加西真的对网球深恶痛绝，他不可能达到如此高度。孩子对同一件事情的看法既会随着时间的推移而改变，也会随其经历的增多而改变。虽说如此，我们也要承认阿加西父亲对他施加的近乎偏执的训练以及由此产生的持久的心理伤害。

最重要的是，父母与孩子要相互体谅。即使在孩子很小的时候，有洞察力的家长也能看到孩子的偏好与志趣的萌芽。而且随着孩子得到更多的机会，他们也能看到孩子的成长与转变。简单地说，这类训练不是为了父母而是为了以最健康、最恰当的方式来接纳并培养孩子的天赋。

我和弟弟乔治出生在一个热爱运动的家庭，我的母亲就是奥林匹克运动会游泳教练。儿时，我和乔治常常游泳、打网球和高尔夫。在我八岁、弟弟七岁的时候，父母十分正式地带我们出去吃了一顿晚餐，他们将追求高水平运动的利与弊摆在我和弟弟面前，并询问我们俩对这条路是否感兴趣。我和弟弟万分激动、乐意，便毫不犹豫地同意了。然后，父母便要我们选择一项运动，并要求我们专注于此。乔治选择了游泳，而我选择了网球。后来，乔治参加了1972年和1976年的奥林匹克运动会。当然，我也走上了现在的职业道路——网球教练。毋庸讳言，你们与孩子的对话不必像我家这样正式，但谈话的内容应当是相近的。而且父母应该让孩子了解事情的利与弊，这样亲子双方才能达成共识。

关于早期专门训练，我最后想谈的是倦怠感。前文交叉训练的部分提到过它，它是一个值得深入研究的话题。像顶尖运动员训练中的其他要素一样，倦怠感也常常被人们误解。传统观念是，过早、过难的训练会让运动员产生倦怠感。运动员过度劳累后，便会开始讨厌这项运动，最终甚至会放弃。

实际上，倦怠感的运作方式并非如此。当然，教练、父母以及训练员有必要了解运动员的身体极限，这样做是为了确保在不伤害运动员的前提下，引导他们突破自己的身体极限。另外，这种做法在运动员职业生涯的每一阶段都适用。值得注意的是，放弃与倦怠不是一码事，不少运动员经过了层层筛选，然后到达瓶颈期，最后就会退出运动。这对某些具有一定技能水平的运动员来说，也是一件很自然的事情。过度劳累与筋疲力尽也不尽相同。根据我的经验，倦怠绝大多数是由精神及情感压力堆积造成的，它最终会导致动力丧失。问题回到了内驱力与父母为支持这种内驱力而承担的职责上。过高的外部期望与父母直接或间接施与的强硬压力最易导致筋疲力尽，这两种情况在很大程度上都是由于运动员与其支持系统的成员之间缺乏共情与交流。此外，它们与早期专门训练并不相干，也完全可以避免。

父母的任务是多层次、多方面的，而孩子可能在长大之后才能完全理解父母的良苦用心。作为支持系统的关键角色，父母最核心的任务便是保护孩子、照顾孩子的身体、与孩子及其训练团队齐心协力，从而为孩子的成功奠定一个健康和谐的基础。若早期专门训练能以恰当而谨慎的方式进行，便能让运动员的能力全面提升，并帮助他们在赛场内外激发动力。

第三节
培养冠军素养的十要素和三领域

如前文所述，了解达成目标所需的所有条件是所有运动训练的核心要素之一。在此基础上，实现最终目标仍需亲身实践。实际上，这一进程的美妙之处在于，其理论适用于体育运动的方方面面，并渗透到各个层次与领域。微观层面上，我们可以专注于某个动作的分解，如击球或挥拍（位置、角度、后续动作、速度、准确度等）。我们可以先精进挥拍的动作，再努力将其转换为下意识动作。宏观层面上，我们可以关注比赛或官方排名等选拔机制。因为只有证明自己是运动员中的翘楚，才能一路闯关夺隘，步步攀登，最终脱颖而出；从四分之一决赛行至季后赛，再到决赛；从一百强进军十强，直至世界第一。

在描述儿童成为顶尖运动员的过程时，我使用了"建设"和"构造"这样的词汇。这样做并非想客观化或是物化运动员，而是为了反映一个基本事实。建筑过程是另一个需要牢记的重要类比。泰姬陵、哈利法塔或埃菲尔铁塔等都是世界上伟大的建筑成就，其建筑规划周密，施工周期长，监工人员成百上千。如今，它们之所以能保持结构完整且屹立不倒，是因为其建造过程有条不紊、合乎逻辑且包含很多人的耐心。其设计者与施工者事先制订了明确的计划，然后全程照计划行事、稳扎稳打，绝不操之过急。这是因为他们明白"九层之台，起于累土；千里之行，始于足下"的道理。同理，训练顶尖运动员也是如此。简而言之，筑梦之路不可投机取巧、弄虚作假，想提升排名、突破瓶颈、提高竞技水平，别无他法，唯有坚定不移地走完这条坎坷泥泞之路。

循序渐进对体育训练而言至关重要，正因如此，本节总结了一份成功指南，其中包含十个要素。该指南不仅适用于远大职业目标的实现，也可用于微小动作的调整。接下来，让我们依次展开分析。

成事必须明确目标。因而，成功指南的第一个基础要素便是想象。下文将详细讨论梦想对于顶尖运动员的作用。但这里要说的是，成功之梦可能是年轻运动员的最佳动力。而父母或教练的职责便是以一种健康、符合实际、孩子能够理解的方式来激发这个梦想，让梦想的星星之火得以燎原。

梦想既可以作为激励竞技水平的一种手段，也可以是维持想象的一种方式。而且两者之间存在着重要的差异，但这种差异有时很细微。这就说明导师既需要帮助运动员建立自我意象，使其在训练中充分发挥想象力；又应当引导运动员适时地摒弃某些不切实际的幻想，以切实地激发其潜力。在训练初期孩子没有任何实质成就来证实其技术水平时，更应当如此。我听过数不胜数的年轻运动员放出豪言："我这个球就能击败小威廉姆斯！""这是罗纳尔多的任意球！""看我投个库里的三分球！"

把握好想象这一要素，你便会自然而然地看到孩子逐渐壮大的志向，他刚开始是想赢得一场绝处逢生的比赛，后来便想在锦标赛中夺冠。再打个比方，年轻运动员的职业生涯好似一棵树，而想象便是它的根。在事业最艰难、最动荡的时候，想象会帮助运动员坚定信念、梦想。

重复是一个颇为简单的概念。在实际的比赛过程中，运动员所做的每一个动作都是对原始动作的又一次模仿，而且这一模仿仍将持续不断地重复下去。发球、反手、回球及其他所有动作都要重复、重复、再重复成百上千次，直至无穷次。因此，反复练习这些动作十分关键。运动员不但要熟练掌握这些动作，更要让其成为下意识的行为。之后，他们便能像机器进行工业化生产一样，次次都能做出标准动作。为了实现这一目标，运动员所重复的动作必须干净、清晰、完美。但是，要想做到这一点，只有投入大量的时间进行反复不断的练习。

连续性乍一看似乎与重复很相似，但它们并不是一回事。

重复指的是复制特定的技术动作，而连续性指的是不间断地进行广义上的练习。连续性也意味着运动员需要遵循一个固定的时间表，只有通过规律练习来不断进步，才能达到他们所渴求的高度。这似乎是显而易见的，也几乎是可以肯定的。但这也是顶尖运动员训练生活的核心部分，需要尽早灌输。与训练的诸多理论一样，连续性在微观与宏观层面上都适用。训练时间、休息天数、训练项目、饮食等一切均需提前规划，时刻关注，并一直坚持下去。这并不是说，运动员的训练计划一成不变。相反，随着运动员技能水平的提高，其训练计划自然也会改变。但无论何时，训练要遵循连续性的原则。

顺序在上文也已提及，即开启下一阶段的训练之前，运动员及其支持系统应提前规划随后要完成的一系列任务。然后是调整，我们可以将其设想成运动员在完成总体计划时所走的一条弯路，或者是当赛事的各方面需要进行调整时，我们在顺应运动员职业生涯的发展时适当补充的一些微小计划。

关于这类小调整，需要说明的是：运动员在攀登卓越之峰时，没有最高，只求更高。换句话说，无论何时，运动员总能找到法子来完善他们的比赛技能。实际上，运动员所获得的进步与成长均来源于这些持续不断的修正与调整。不然就一定是其中的某个环节出错了。总之，唯一不变的正是这种微调，而且于运动员的成长而言，这种变化也是至关重要的。

优先级是合理训练的另一个要素。哪些方面需要优先改进？目前的训练重点是什么？是应该扬长避短，还是应该修正缺点、全面提升？对运动员的竞技水平和整个职业生涯最有利的是什么？只有深入了解运动员本人及其运动历程，我们才能据此进行诚实且透彻的分析，进而解答该类问题。正确的优先级会让所有行动以最为合理、最具影响力的顺序排列，并可以极大地提高运动员的成长速度。顺序与优先级可以被视为硬币的两面。顺序是主观的、事先设定的，而优先级则是客观的，往往随运动员的需要而调整。

虽然想象可以在宏观上支撑运动员，但只有成就能激励他们在日常训练中不断超越自我。这些成就可大可小，大到在锦标赛中取得好成绩，小到学会一些新技巧。但无论大小，它们都是运动员技艺的彰显，是推动运动员走向成功的关键力量。不过，请注意这里的成就并不单指胜利。在运动员的一生中，尤其是在职业生涯早期，他们不可避免地会遭受失败。导致这些失败的因素部分可控，部分不可控。这些失利不仅对磨炼运动员的毅力与定力至关重要，也为他们提供了宝贵的学习经验。如果运动员能够虚心接受这些教训，这些失利便可以算作另一种形式的成就。要知道，胜负平衡才是和谐而有益的：常败者会因气馁而放弃，而常胜者则会因自满而高估自己的能力。

评估，顾名思义，是以一种实事求是和谋求发展的视角来审视运动员最近的比赛。我们进行评估时需以运动员的整个职业生涯为背景，并且兼顾运动员过往经历的沉浮。正如前文所言，评估时不仅需要深入了解运动员，还需了解其支持系统中的每一个成员、比赛中的每一个技术细节。当然，运动员也必须足够了解自身。像该指南中的其他要素一样，评估在宏观与微观层面上都适用。我们进行评估时甚至会精确到某场比赛的某一次得分，不断分析情况并做出相应的调整。

该指南中总结与超越这两个要素所发挥的作用，与可训练性窗口中的"训练取胜"和"训练卓越"别无二致。其中，总结指的是利用先前的所有要素来帮助运动员实现梦想，而超越则是为了突破业已取得的成就而继续努力。超越如完美一般，是一个持续变化的目标。当运动员与其周遭环境因众多可变因素而发生变化时，他们也将波浪式地实现超越。

以上所有要素与运动员可控及不可控的因素引出了体育训练的另一关键理论：三领域——身体领域、精神领域和竞争领域，决定了运动员在赛场上的整体表现。

由于每个人的需求不同，因此这三者的实现需要遵循一定的顺序。但是，当运动员开始比赛时，这三个领域之间的运作方式又会发生变化。它们不再各自独立，而是相互依赖、相互制衡。这三个领域必须作为整体中的独立部分，才能发挥各自的作用。身体领域影响精神领域，二者还会共同影响竞争领域。

当运动员得知比赛结果时，竞争领域又会反过来影响精神领域和身体领域。这些领域彼此之间的关系至关重要，并且几乎无时无刻不处在变化之中。和天赋、成就、超越一样，这三个领域不断变化着，并随着运动员的成长而不断发展。本节所提及的成长要素均按次序排列，而且它们的应用方式多种多样。这些理论本身也时刻处在变化中，并拥有无限的应用前景。

第四节
知识就是力量

　　武田信玄是日本战国晚期的一位军事领袖。他是那个时代乃至整个日本历史上著名的人物之一。如今，人们依旧难忘他多次成功征服日本各个省份。纵使武田信玄在日本历史上的地位无人能及，但广为流传的恐怕还是他的名言："知识不是力量，它只是具有转化成力量的潜力。"

　　我的另一个教练原则是：获得与寻求知识只是成功的一半。人们即使精通某一领域的所有理论与策略，也未必能保证真正地付诸实践，更不必说表现突出了。知识与应用迥然有别。

　　这种差异有很多不同的层次，人们需要对其中的一连串微妙之处加以辨别。以为人父母的问题为例，若有准父母希望事先为良好的亲子关系做些准备，也许可以参考以下方式。准父母可以通过阅读相关书籍，来了解他们即将面对的情形并学习如何解决某些常见的问题；他们也可以在线搜索书上没有的信息，如视频、文章与博客。与此同时，他们可以加入准父母的社群，来倾听彼此担忧的问题。他们也可以与各自的父母或熟知的其他长辈聊聊天，这些长辈可能会回想起各自的相关经历。也许他们曾当过老师或保姆，也许他们偶尔会帮助照看侄子或侄女。

通过上述方法，我们可以接触到各种知识，这些知识与养育子女所需的实用技能有着不同程度的联系与区别。以上所有信息资源皆能以各自的方式为我们提供益处，但是仅仅学习知识不会把未曾养育子女的人变成真正的父母。的确，了解这些知识让他们比一般人更易于胜任照料子女的工作，但他们仍未真正具备做好父母的技能。在为人父母方面，这些人甚至算不上内行，因为他们所掌握的信息都是间接的、理论性的知识。况且，由于这些人所面对的情形是一成不变的，因此他们所掌握的知识也不能更新。

至此言归正传：知识只有在得到应用和扩展时才能成为力量。任何事似乎都是如此，虽然我这样说，你可能会觉得厌烦，但事实确实如此。知识并非静止不变；相反，它在不断增长、变化以及更新。学得越多，知识的容纳度和适应度就越高，知识的层次也会随之愈加丰富。真正的知识便是针对各级比赛的实际经验进行的反复分析与评估。知识与智慧的区别在于：前者是已被实践验证的信息，后者则是未被实践验证的信息。真正的知识只能从行动、尝试与错误中获取。总而言之，做好一件事的唯一途径便是实践。

由于教练需要与运动员分享知识、引导运动员应用这些知识，因此他们容易自视甚高，并将运动员所取得的成绩全部归功于自己。在职业生涯早期，我也经常犯这样的错误。过去，当我在职业巡回赛中与顶尖运动员连战连捷时，我就会感觉自己所向披靡、无所不能。那时，我对自己的傲慢与自负不加掩饰，并天真地以为在短短几年内自己就已经学会了所有的教练技能，成了业界顶尖的教练。但是，时间会让你懂得，你现在所拥有的一切终将失去。我们很难体悟到这一点，但这个教训至关重要。重整旗鼓的必要条件是真正的谦卑。许多人无法突破局限的原因之一就是他们无法释怀，不愿为了更大的利益去忍受卷土重来的痛苦。顶尖教练不仅谦逊，甘愿留在运动员辉煌的职业生涯幕后，而且明白胜利并非确定无疑，智慧才是运动员生命中积极、持续的力量。

运动员也应当学习这些道理，只是方式略有不同。我曾指导过一名自大又倔强的年轻运动员。他确实有才华，但总急于求成。他曾问我，他确信自己的挥拍技艺在学院中算顶尖的，因为人人都夸他的动作行云流水、一气呵成，那么他还需要多长时间才能实现目标，即在比赛中夺冠并成为一名职业选手呢？我思索后坦诚告之：十年。他大吃一惊，然后气急败坏地反驳我，说他用不了多久就会实现这个目标，因为他一直非常刻苦，花了大把的时间反复、扎实地训练各种动作。我看着他说，"如果你这样说，那就是二十年"。

他对这个答案的不满更加强烈。我花了些时间向他解释：尽管他的击球技术的确很精湛，但他并不懂比赛。听过我的解释后，他看起来若有所思，但还是认可了我的回答。尽管那名学生的态度还有改进空间，但是他已经意识到要想取得好的结果，他必须彻底改变自己的训练方式。知识与经验教会我们如何应对问题学生，如何劝服他们相信我们所做的一切都是为了他们好。然后，学生就会明白仅靠反复练习还远远不够。只有参加各式各样的比赛并懂得乘势而上的道理，他们才能收获足够的知识，并在需要时将这些知识付诸实践。

另一个与知识相关的因素正是情境。情境在一定程度上有助于激励运动员学会思考。不同的游戏情境与真实比赛的情境，甚至是低压训练的情境都是极为重要的。因为在这些情境中，运动员不仅能够磨炼比赛技巧，还可以学习如何在真实比赛中运用这些技巧。这也让我们能够专注于精神领域，因为点对点战略和比赛分析只能发生在真实比赛的进化系统中。每场比赛之后，无论胜负，运动员都应该思考并回答这两个问题：我从这场比赛中学到了什么？我怎么将这些经验运用到下一场比赛中？练习是不可或缺的，但它并不是运动员训练的真实目的所在。比赛能让运动员获得实践知识。再说一次，做好一件事的唯一途径是实践。

当然，赛场上的知识仅是教练教给运动员的诸多经验之一。为了激发才能，顶尖运动员都是在高强度训练中成长起来的，因此教练也需要向他们灌输一些赛场之外的生活知识。这些孩子成长在竞争激烈的体育界，并由我们教育成人。作为教练，我们的职责之一就是教导这些年轻运动员对自己和身边的每一个人，包括父母、教练、队友、对手尤其是一些经验不足的球员，都负有道德义务。我们帮助运动员塑造人格，培养积极的人生态度、职业道德、纪律性以及对他人的尊重。即使他们最终放弃了体育事业或是没能成为顶尖的运动员，这些品质也能帮助他们在日常生活中获得一次又一次的成功。

运动员在职业生涯中不会思考这些问题，更不会谈论这件事情，因为他们将大部分时间都投入训练中。不管他们最后是成为顶尖运动员，还是只取得了不上不下的成就，抑或是因伤退役，又或者是短短几年之后便意识到自己志不在此而选择放弃，这些都无关紧要，至少从长远来看是这样。无论运动员在体育界拼搏了多久，取得了多少成就，其人生绝不仅限于运动。因为教练也在帮他们为球场、赛场以及聚光灯之外的生活做准备，使其形成能在私人生活里继续发挥作用的态度与观点，这些也将造就他们的人生。虽有千斤重担，但迎接挑战、将学生培养成顶尖运动员，就是教练和支持系统中其他成员的责任。

高水平的竞技体育是一项国际性活动，因而了解其他文化也是形成以上态度与观点的重要部分。在多米尼克·范·伯克尔职业网球生涯早期，二十岁的她获得了前往尼日利亚参加锦标赛的机会。由于当地缺乏资金，无法建造更大的场地，整个锦标赛只有三个球场。一次中场休息时，多米尼克刚准备靠在其中一根网柱上休息，网柱立即弯折并断成了两截。因为组织方无法提供可更换的网柱，所以赛事不得不在剩下的两个球场上继续进行。这次事故大大减缓了比赛的进程，并将其变成了一种漫长的折磨。虽然多米尼克当时异常尴尬，但这次事故以及当地人的生活状况，让她得以重新审视自己的资源、经历以及过去她认为理所应当的事情。

多米尼克对自己在世界上地位的重新评估，超越了"非洲还有孩子在挨饿呢，感激你拥有的生活吧"这种典型的种族主义与简化的思维方式，然而这些言论与思维方式仍被诸多人尤其是西方人误认为是见过世面的表现。尼日利亚是个复杂、层次分明的国家，它既有丰富的艺术、音乐和娱乐历史，也有暴力、狷獗的政治腐败与殖民创伤。这些不利因素与持续的人口激增、丰富的自然资源，使得尼日利亚成为贫富差距最大的国家之一。截至 2018 年，近 8700 万尼日利亚人民仍生活在极端贫困中，极端贫困人口占该国人口的 40% 以上。非洲记者约米·卡泽姆将尼日利亚称为"世界贫困之都",多米尼克也目睹了这一点,无家可归者以及被剥夺政治权利的人沿街乞讨着食物和水,住在用废料与垃圾袋搭建的临时帐篷里,这里还有许多因疾病得不到治疗而慢慢死去的人。

但是,像其他非西方国家(尤其是非洲国家)一样,尼日利亚充满的人性与欢乐远比众人看到的要多得多。它的文化多样性异常丰富,它孕育出了250多个民族。此外,这里的艺术也在蓬勃发展,尼日利亚的音乐家为开创非洲大陆的新声音铺平了道路;"尼莱坞"电影业也是除美国"好莱坞"电影业之外最具活力、最成熟的电影产业之一;钦努阿·阿契贝和奇玛曼达·恩戈兹·阿迪契等作家写了有关非洲和其他地区最重要、最打动人心的文学作品。这片土地充满了美与生命力,多米尼克也看到了这一点:孩子们嬉笑着,一起踢着足球;人们在上班路上畅谈,分享着各自的经历与故事;天空绚烂,市场熙熙攘攘。美国著名诗人沃尔特·惠特曼曾在诗中说它"包容万物",这不仅涉及世人,也涉及文化、社会及故乡。以上是运动员进行环球比赛时所能与我们分享的经历,年轻人由此学会欣赏,开阔视野。但是,教练必须引导运动员去观察这些繁复的细节。

另一个更容易理解的例子是锦织圭,他是我训练过的最有天赋的运动员之一。他第一次在哥伦比亚持外卡参加国际职业网球联合会的赛事后,我和他说我们要去参观一个著名的建筑古迹。这个建筑被视作"镇地之宝",但与体育毫不相干。我们开车过去,一路上较为顺畅,风景怡人,所有文明古迹与我们擦肩而过,一览无余。锦织圭看起来颇有兴致,却一语不发。

行车一段时间后,我们抵达了目的地。我们一行人排队站在一条隧道的入口前,这条漆黑的隧道开凿在一个大土丘的侧面。进隧道前,锦织圭领到了一顶安全帽,他对此深感困惑。虽然不知道即将发生什么事情,但他依旧毫无怨言地跟着我。我们沿着崎岖不平的洞穴地面往下走,途经一块块数吨重的岩石。我们徒步于黑暗又潮湿的洞穴之中,这里的过道异常狭窄,空气中还弥漫着硫黄的味道。终于,我们穿过了洞穴,刚好走到了它的最深处。这里有一盏灯标,灯光把四壁照得仿若白昼。这里是锡帕基拉盐矿教堂,它是一座巨大的罗马地下殿堂。在这里,天使雕像支撑着高高的穹顶,穹顶上面发出耀眼的蓝光。锦织圭看得如痴如醉,脸上的神色也极为可笑。他聚精会神地环顾着四周,大口喘气地问怎能造出如此奇观。正是这些时刻启迪了我们的心灵,拓宽了我们的眼界,打破了我们的预期,这个建筑正是知识与实践的全部意义所在。

第五节
平等待人是有效沟通的基础

真正的智慧是从实践中获取的知识，这恰恰说明向年轻运动员传播知识的另一核心要素是沟通。教练必须找到一种有效的沟通方式，帮助运动员将知识付诸实践。科科的经历也许令人印象最深刻、最具教育意义并最能说明有效沟通的力量。

科科生于 1971 年，是一只生活在加州研究所西部的低地大猩猩，弗朗辛·帕特森博士对她进行了长达四十五年的研究。科科一岁时，帕特森开始用英语和美国手语与她交谈，以测试她的智力水平、语言与语言习得的本质。科科若不是世上唯一一个聪明的动物，也是世上最聪明的动物之一。在体力任务方面，科科自然表现得很聪明，在那个让她一举成名的电影《科科：会说话的大猩猩》中，她不仅会用吸管喝水、续杯，还能正确地操作玩具"观景机"，她感到无聊时还会自己更换观景机的幻灯片。但是，真正出人意料的是她的情商。直至生命的最后，科科不仅能听懂英语，还能理解一千多种复杂的手势组合。她不仅能通过手语来传达抽象概念，甚至还教其他大猩猩一些单词。她还会通过组合已知的词语来指代她不会表达的新概念（比如她会用"手指"和"镯子"两个词组成"手指镯子"，来表示"戒指"）。她甚至能通过抽象的概念来表达情绪，比如"死亡"、"好"、"快乐"和"虚假"。她还说服工作人员让她收养了一只小猫，并给小猫起名为"球球"。几个月后，当她发现小猫逃脱并出车祸时，她悲恸欲绝，不停地打出代表悲伤、不好、皱眉和糟糕的手语。

这与我们所谈论的顶尖体育运动似乎没有什么关系，但我们可以从科科深刻且复杂的一生中学到很多。其中最重要的一点是，平等待人是有效沟通的基础。帕特森是科科的看护人，既没有用居高临下的口吻与科科说话，也没有把科科当小孩子，尤其当她们的关系越发亲密时。她与科科说话的方式就像一位伟大的老师对学生说话一样。她将学生看作聪明且复杂的个体，认为学生虽潜力无限但仍需要引导与支持。我们不能总是低估学生，却又希望他们成就伟业。真正优秀的教练会花很多时间与运动员沟通，进而了解他们各自的潜力，指导他们突破各自的局限。教练要坚信计划一定会完成，而这个计划便是在协作中提升自我。

我们从科科的故事中得到的另一个重要启示是：非凡的潜

力只有在实际的支持性环境中才能被激发出来。科科若没有得到这样的关怀与鼓励,便只是一只普通的大猩猩。成功的训练环境是根据运动员的优势、劣势以及偏好量身定制的,运动员通过"长期比赛"而非短期爆发式的即时满足来提升水平,愿意在需要时适应和调整战术。该环境是一个最为微妙、最为完整的安全空间。

打造这样的环境和沟通方式是非常困难的。若有人不以为然,那他可能从未如此构建事物。诚然,关于培养沟通技巧的书不计其数,我也相信这些书具有普适性。但是,由家长、教练与运动员之间固有的权力关系衍生的某些具体的沟通原则,仍需探究。

良好的沟通基于平等的关系,这一点不言自明,但仍有许多教练经常忽视和误解它。换言之,教练与运动员之间牢固密切的关系是建立良好沟通的基础。这意味着教练不能像暴虐的独裁者那样支配运动员,相反,教练应当理解运动员,与其共同创造一种互相尊重的环境。那么对于运动员试图进军的领域,教练应该如实地向其说明情况,指出运动员的过失与缺点。运动员也许会觉得教练的评价太过残酷,甚至因此产生反感的情绪。但无论如何,教练这种坦诚的评价应当是建设性的,旨在帮助运动员成长而非贬低或惩罚他们。相互尊重也需要大量的倾听。对家长、教练和运动员而言,学习与成长绝不是一个线性的过程。我们需要做好一切准备，欣然接受失误，承认自己的认知有局限，并非无所不知。另外，教练还需与年轻运动员切实地进行反复交流与对话，这并不代表运动员总能明白什么对他们最有裨益。我只是说，教练应当保持开放的心态，时刻准备接受运动员的意见。唯有如此，双方的交流才能进展得更有成效。没有人愿意追随一个显然不关心自己、只想利用自己达成目的的人。教练与运动员之间的这种紧张关系，定会葬送彼此的职业生涯，或者至少断送教练的职业生涯。

我们呈现信息时既要及时又要讲究实际，以使信息明确而适用。我们必须全面深入地了解运动员。多数父母确信自己很了解孩子，但不幸的是，他们时常会犯错。有时，父母只是犯了一些非常低级的错误，这也会破坏他们与孩子之间的关系，比如一些适得其反的说教、不恰当的评价、不合适的沟通时机等。

我曾有幸与一些睿智的父母共事，他们坚定、诚实，教育子女也很积极。口头上，他们不断强调纪律、毅力、工作能力与竞技精神等价值观。他们以开放的姿态与孩子进行双向的沟通，彼此之间也会互相学习。

我也遇到过另一些父母，他们断送了才华横溢、努力又自律的运动员的职业生涯。他们拐弯抹角、不中听的评价让孩子变成懦弱、自怨自艾、轻言放弃的人。父母最不应当做的是给孩子贴上才华横溢、聪明伶俐和冠军等标签。山外有山，人外有人，就算孩子今天胜利了，终有一日也会遭遇失败。这些父母教育的孩子无法享受运动的乐趣，终日笼罩在恐惧之下，进而选择放弃比赛。

更令人遗憾的是，有些父母往往会给予孩子一些毫无意义或未经思考的评价。他们以为孩子的心理素质过硬，便在比赛结束后逗弄孩子并戏称他们为"小屃包"。其实，这些愚昧的评价会逐渐摧毁运动员的竞技精神，浇灭他们的梦想。至关重要的是，父母要明白他们的话不仅对孩子有着强烈的情感影响，甚至还会影响孩子的自我认同。相比之下，教练说一样的话，孩子就不会如此介怀。因此，父母或教练与运动员说话时要注意分寸、谨慎行事。

对身处竞技场中的运动员而言，父母的精神支持在其艰苦而漫长的职业生涯中发挥着不可替代的作用。这种精神支持源于细心观察，始于健康、理智与开放的沟通，基于公正和宽容的心态。

倾听意味着教练既需要密切观察运动员情感上的细微变化，也需要搞清楚运动员在文化、年龄、性别等方面的差别。这听起来有点老生常谈，但是掌握运动员的背景信息确实至关重要，因为教练将据此引导他们挖掘、发挥各自的潜力。人们尤其是年轻人更易情绪化，处理事情的方式不一样，教练必须知道会发生什么，可以避免什么，什么对某个特定的学生有效。

例如，有一次锦织圭在训练中表现得不如人意，我便摆出"军官"的架势，大声呵斥他。那时，我与他仅一肩之隔，我吼叫的唾沫星子全都溅到他的脸上。通常情况下，我不会使用这种训练方式，因为从长远的角度来看这种极端的训练方式往往弊大于利。但是我们彼此了解，他也明白我所表现的愤怒其实都是做给他看的。要知道，如何应用沟通方式往往与如何选择沟通方式同等重要。我大声呵斥他也并非平白无故：锦织圭从训练开始时，态度就非常无礼恶劣。我采取一系列常规交流手段均不奏效后，实行了这种强硬的沟通策略。锦织圭了解我这些行为的动机，并没有往心里去。不可否认，这种沟通方式的确很强硬，但他明白我只是在通过这种方式向他传达某些我认为重要的信息。一小时后，他便来到我的办公室，并为他之前不妥的行为向我致歉。

这种非语言的沟通是很难实现的，除非沟通双方关系稳固。运动员必须信赖教练，教练才能竭尽所能地帮助他们，但建立这种信任关系需要投入足够多的时间。值得一提的是，教练和运动员之间并不总是彼此契合。

教练必须愿意适时地改变自己与运动员之间的交流方式。当伊万·伦德尔在训练安迪·穆雷的时候，他和穆雷的母亲朱迪想让穆雷领悟将球发到外边线的方法。他们用尽各种方法向穆雷解释，但都不见效。最后，伊万走上球场，扮演接球者的角色，让穆雷把球发到他手里。最后，穆雷接连发中十次，终于理解了如何发球。

当我们所用的沟通方式卓有成效时，不论它看起来有多荒谬或愚蠢，我们都要坚持用下去。我训练过的一名优秀球员有个坏习惯，她一紧张就会被动地回球。她是我见过的反手击球最优秀的选手之一，但是她好像一直对自己不自信，好像总是需要被提醒，才能运用自己的技能使击球更具攻击性。她父亲的母语不是英语，因此她在比赛时，父亲为了鼓励她而一遍遍地大喊：“松蛋！松蛋！"很快我们便意识到，她父亲其实想说：“尿蛋！尿蛋！"他本意是想让女儿不要退缩。父亲尽管用词有误，但他根本不在意自己的表情或者用词，他关心的是女儿能否明白自己的意思，事实是女儿确实能明白。对他们父女俩来说，"松蛋"是一种暗号，是用来表示保守打法的亲密代码。同样，教练需要根据不同的训练对象选择不同的沟通方式。但这并不重要，重要的是教练和运动员之间要时刻保持双向的交流。

我们也应当如此留心整个交流过程中的其他细节。人类的大多数互动并非依赖语言，日常对话也是如此。你需要意识到，你可能会无意识地通过面部表情、语气和肢体语言传达出你正在回避的东西。教练对运动员的支持应当展现在这些非语言信息中，教练也应当了解学生的非语言信息。即使运动员并未直接使用语言来表达他们的感受，这些非语言信息也能帮助教练分辨运动员的感受，如谅解、诚实、愤怒、痛苦和冷漠等。一个真正深刻的倾听者便是如此，就像其他关于有效沟通的事情一样，这需要投入时间与精力，并不断地试错。

除了负责训练运动员，教练还应该了解运动员与周遭世界的关系以及他们对特定事件的反应。锦织圭在职业生涯初期有一次对阵安迪·罗迪克，赛况非常激烈，安迪感受到了压力，然后喊出了一系列种族主义绰号和脏话来恐吓年轻的对手。虽然锦织圭从头到尾一言未发，但看得出来他已经受够了。我与首席裁判进行了沟通，但是他对此置若罔闻。赛后，我们回到休息室，锦织圭把球拍斜靠在椅子上，然后用力一踢，便把它踢成了两半。接着，他又踢断了十把球拍，他神色冷峻、怒火冲天，但依然一语不发。锦织圭在赛场上呈现的镇定给记者留下了深刻的印象。他在记者招待会上表示，安迪说的话，他一句都没听懂。锦织圭的反应向我们展现了他应对压力的方式。了解运动员对压力的承受范围与应对方式至关重要，因为这不仅有助于让运动员保持自身的心理健康，还能避免引起不必要的公众反响。

言论不当造成的公众后果不仅会在运动员身上出现，也会在教练身上出现。有一次，在法国网球公开赛的巴黎苏珊·朗格伦球场，我的两名球员正在对决一场四分之一决赛。球场里座无虚席，而比赛正打得热火朝天、难分胜负。我和赛场上的两名球员都有过合作，但当时我只担任其中一人的教练。在一场关键赛中，拉锯战使得双方球员神经紧张。由于一时判断失误，我对我的球员喊道："别担心，你知道她会失误。"几秒后观众便意识到我说了什么，随即现场一万多名观众一齐对我发出了嘘声。当时，我对自己的所作所为颇为震惊，并深感羞愧、无地自容。我试图用愚蠢的评论来帮助我的球员，却伤害了另一个球员。所以，言论不当造成的公众影响也会在教练身上出现。一言既出，驷马难追。重要的是，我们要记住：任何形式的沟通既需要提前考虑，也需要预测好与坏两种结果。若我们正确使用以上方法，便能更有效地向运动员传达信息。

第六节

竞争的环境比输赢重要

在顶尖运动员的成长过程中,一个显而易见但又常被忽视的因素便是竞争的本质。不言而喻,世界冠军并不是通过打法的优劣来评定的,而是公认机构基于客观的排名裁决的。竞争的逻辑相当简单:运动员刻苦训练是为了在比赛中表现出色,在更多比赛中取得胜利,在锦标赛中提升名次,进而提升世界排名,然后逐步靠近世界第一,直至做到这一点。为什么我要费劲列出如此显而易见的竞争过程呢?因为重新审视我们认为理所当然的事物,是顶尖运动员训练哲学中至关重要的部分。

与通行观点相反的是,关于竞争是不是人类与生俱来的生物特性,科学仍未下定论。诸多理论,尤其是由弗洛伊德精神分析法衍生的那些理论,都主张竞争是人的天性。还有许多人用达尔文"适者生存"的思想来佐证以上观点,但达尔文的著作《物种起源》并没有把竞争当作最佳生存策略(实际上,达尔文本人从未使用过"适者生存"这个过度简化的俗语),而且其进化理论围绕着适应环境,而非物种之间的直接竞争。也有同样多的理论认为,对竞争的积极性是一种根深蒂固的社会结构,这更多地来源于资本主义的底层逻辑,即所谓的"自由市场"以及努力工作以求自力更生的理想,它渗进了日常生活。

我之所以提出这一差异,是因为无论实际情形如何,顶尖运动员的世界本就充满竞争。竞争也是所有体育运动的底色。网球、高尔夫、游泳、橄榄球等体育运动皆是零和博弈,也就是一人赢,众人输。如今,体育界中存在着一种趋势,即父母希望以"人人皆是赢家"的态度来对待这些比赛。他们想给所有的参与者颁发奖杯,以赞扬孩子露面参加比赛的行为。这种方法与前文提及的"全能型"训练类似,故而可能更适合一些只想通过体育运动帮助孩子拓展社交与维持身体健康的家长。但是,这种观念与顶尖体育运动的理念完全背道而驰。

我一直主张尽早让年轻运动员学习体育运动规则,这样可以创造一种有利于运动员适应运动规则的环境。规则提供了框架,而框架则为训练界定了范围。规则、分数与策略都很重要。我之所以强烈要求父母熟知孩子所参与的体育运动的规则,是因为竞争既存在于赛场上也存在于赛场之外。

充满竞争性的训练环境可能是最重要的因素之一。人们最终关注的都是结果。父母和教练的角色很重要,他们要让孩子学会坚持战斗到最后一刻，绝不投降。许多体育英雄都具有这样的特点，如老虎伍兹、佩顿·曼宁、米娅·汉、小威廉姆斯、拉菲尔·纳达尔等人均是在父母的帮助下从小就养成了这种争强好胜的性格。

一开始，父母就应当帮助孩子理解竞争的重要性，鼓励他们参与竞争，并且让他们不要过分追求结果。如此，孩子既学会了如何取胜，也学会了如何面对失败。只有在竞争的压力下，才能对运动员的技术、战略、战术与心理等方面做出精准的衡量。运动员参与的竞争越多，积累的经验就越多，也就越有助于征服对手与超越自我。

年轻的男运动员天生就更好胜，而年轻的女运动员天生则更为矜持，她们从一开始就不太愿意以应有的方式参与竞争。后文将探讨多种形式的社会化对男女运动员的不同影响。当然，这并非适用于每一个运动员，但我几十年的执教经验表明情况时常如此。当年轻的女运动员刚开始训练时，她们进入高竞争性的运动领域需要耗费更多时间，因为她们已被社会化，并认定自己更擅长合作性的工作；而年轻的男运动员面临截然相反的问题，他们更热衷于竞争，因此需要有人帮助他们控制这种好胜心，从而了解竞争不只关乎输赢。

巧合的是，以上观点与前文谈及的知识习得有着密切的联系。不论比赛的结果如何，竞争的不确定性都为运动员提供了一个很好的学习机会。尤其是在运动员的职业生涯早期,他们不应只关注输赢而不顾其他。相反,他们应专注于建立健康的竞争压力应对机制与培养战术意识,而不是在没有抵抗的情况下一次又一次获胜。无论经历是好是坏,教练都要引导运动员从中学习、总结经验。

当我说竞争意识存在于赛场之外,我并非单指排名或是心态这种模糊的概念。举例来说,汤米·哈斯是2002年的世界亚军,也是我曾经训练过的运动员。在他眼中,一切都是比赛。他喜欢竞争,并对所有的比赛充满了孩子般的渴望。当我们坐飞机去参加活动时,我们总是坐经济舱,所以总要在登机口消磨大把的时间。等飞机时,我们一起发明了一个比赛,即把一枚硬币扔到三米外的墙边,看谁扔得离墙更近而且不砸到墙。和我们同行的人都津津有味地围观这个幼稚的比赛。比赛激烈地进行着,每次精彩的投掷都能赢得观众的欢呼与尖叫。直到要安检了我们才开始收手,但我们之间的比赛并不会就此结束。一路上我们总会找点东西来玩,如纸牌、骰子、双陆棋等。我们还会自娱自乐,上下出租车时也会一起赛跑,并约定输的人付钱。到了酒店,我们也不会停止比赛。

也许有人会觉得这样做很幼稚,但是在充满不确定性的赛场上,这种做法有助于激发运动员的竞争力。至关重要的是,要尽早让竞争成为运动员生活的中心,同时确保运动员从竞争中获得真正的学习与成长。有些人不愿参加我与多米尼克设定的比赛，或是输了一两次就放弃，他们往往缺少将竞争精神付诸实践的韧性，更不用说用一种健康的方式来引导它贯穿生活。最终，这些人都没能成为职业运动员。

所有竞争的核心是平衡比赛的两个基本方面：进攻与防守。换言之，知进退，等待时机。当然，什么时候该怎么做是一个极为复杂的问题，涉及对手、赛事甚至比分。要知道该向哪一边倾斜，要知道有多难，关键是要了解不断变化的情况并综合分析所有因素。这场比赛还要打多久？我是领先了还是落后了？我该如何调整打法以攻克对手？对手是否惊慌、失误或紧张？比赛进行到此我采取了哪些行动，对手会如何预测我下一步的行动？

若泽·穆里尼奥是有史以来最优秀的足球教练之一，他曾表示自己十分清楚比赛的节奏。比如，对方球迷的欢呼声渐弱时，我方就该冒险进攻。

以上考量在比赛的各个微小环节均有体现。久而久之，我们就能更加顺畅且自然地去做决定。但是在那之前，我们应将一些比赛原则牢记于心。

首先，不探虎穴，不得虎子。自满与安于现状是停滞不前的罪魁祸首。恐惧是天赋的终极杀手。俗话说，输不可怕，怕才可怕。成功的运动员应当明白"无限风光在险峰"的道理，他们宁可冒险、争取、尝试新战术之后失败，也不愿错失良机、坐以待毙。我们既要勇于试错、自我鞭策，又要学会在错里淘金、败中求贝。我们要先了解自己的不良倾向，然后才能克服它：你总是防守性地击球，还是击球时总站错位？

在本书创作之时，法国选手盖尔·孟菲尔斯在国际职业网球联合会中排名第九。尽管他从未赢得大满贯，但他是高水平网球赛中最爱冒险的选手。并且历史上不乏取得这种主流成功的选手，但他可能是其中运动能力最强的一位。为了完成不可能的击球，尝试不可能的救球，孟菲尔斯在球场上不停地扑救、滑行和跳跃。他甚至会背对着对手回球，或者为了击球用双脚内侧撑地，使双腿形成一个大三角形。他也会整个人扑出去、摊平身子，只是为了去救一个球或者争抢再次击球的机会。无可争议的是，孟菲尔斯是现代网球比赛中最精彩、最令人兴奋的亮点之一。2017年《纽约时报》报道：本·奥斯汀将爱冒险的孟菲尔斯比作《黑客帝国》中的基努·里维斯。

孟菲尔斯之所以能形成这样的比赛风格，是因为他是个不折不扣的冒险家。他随时准备着，并乐此不疲地尝试其他选手心中不可能的回球。孟菲尔斯非常灵活，采取了一种空前的防守策略。如果想获得比赛的胜利，这种乐意冒险的个性更像是劣势而非优势，这也是为什么孟菲尔斯并不像同等技术水平的其他运动员那样经常获胜。但如果你仔细分析他的职业生涯细节，事情就一目了然。浮华的竞技让他更像是在呈现一场戏剧性的表演，而非一场干净利落的比赛。这也就意味着在前几轮的比赛中，他耗费大量的时间与精力来为观众献上一场精彩绝伦的表演，而没能留存体力来对付后来更为强硬、更具实力的对手。这的确很可惜，但从多方面来讲，这种比赛风格比被动的打法更受欢迎。对教练而言，引导球员克制自己冒险的倾向，总比要求被动的球员变得更激进要容易得多。

关于孟菲尔斯的比赛镜头，我最喜欢的不是广受关注的疯狂得分片段，而是他失败的时刻。在与约翰·伊斯内尔对阵的一场比赛中，孟菲尔斯在赛场右后角的不利位置接了一个球。随即，伊斯内尔抓住这个机会，用一个简单的吊球回击，球刚刚过网，这一球似乎透着一丝轻率与不屑。孟菲尔斯立刻起跳追过去，看起来孟菲尔斯认为自己一定可以在球第二次落地前接住。孟菲尔斯奔跑着，身体与地面呈四十五度角，这一动作好似一个华丽的踉跄。结果，他并没有接到球。短短数秒内，孟菲尔斯就在脑中完成了计算，而所有的计算结果均是如此：他很有可能接到这个球，但此时的计算与犹豫只是在拖延时间，而无法阻止事情的发生。孟菲尔斯已经收不住自己的动作了，他会在下一次击球时更加错位。如此猛烈且迅速地击球只会让他受伤而非得分。孟菲尔斯的决定是正确的：当大家都在为伊斯内尔的得分鼓掌时，孟菲尔斯由于收不住脚步，跃过了网边的摄像机支架。随即，他将脚后跟夹在身下，以仅仅几厘米之差跨越了整套摄像设备。解说员笑着为他的跨栏技术拍手叫好，摄像机也慢动作回放了这一跳。这一时刻呈现了孟菲尔斯卓越的冒险精神，以及他对每一分的执着。他是否赢得一次对打无关紧要，重要的是他不仅能时刻保持全情投入，还能立刻做出决策，这对顶尖运动员的成功很重要。这个事例向我们展示：比赛结果是次要的，重要的是孟菲尔斯已形成的习惯之于比赛的意义。

另一条值得考虑的竞争理念已在前文提到过，战略与战术是竞争中不可或缺的部分，它们甚至在诸多方面比体能数据更重要。分析对手，摸准他们的劣势与优势、倾向性与技术特点，能为运动员带来巨大的优势，这比任何盲目的训练都更有成效。运动员需要足够了解自己的对手，才能做到对症下药、有的放矢。

"知己知彼"这句古话正是来源于此。关于竞争与冲突的本质，被引用与研究最多的一本书当数《孙子兵法》。孙子强调了深入了解对手的重要性，并且概述了不同程度的了解所产生的不同结果。他写道："知己知彼，百战不殆。不知彼而知己，一胜一负。不知彼，不知己，每战必殆。"虽然战争与体育之间有着显著的区别，但上述原则仍适用于任何形式的冲突，哪怕是几千年后的今天。这一点尤其体现在高水平的比赛中：最优秀、最成功的选手不仅对自己与对手的倾向性了如指掌，还能根据比赛的变化做出相应的战术调整。

压力会让运动员如负重担，干扰、妨碍其在比赛中发挥技能。对胜利的期待会让人难以承受，在胜算不大的时候尤其如此，而且随着排名的提升，这些焦虑会成倍增加。后文将从顶尖运动员的心理层面进行更为详尽的探讨。但是，这里要强调的是，运动员必须从职业生涯早期就增强竞争意识、熟悉竞争环境，以最大限度地减少持续的、身体上的恐惧。如前文所述，我会让运动员在真实的比赛中训练和学习，并鼓励他们利用业余时间自行比赛。非正式的友谊赛也存在着不确定性，因此它既有益于社交，也可以磨炼战术。在训练之外的比赛中，运动员常常以家务、食物、财物或其他物质财富作为赌注。运动员中的佼佼者或在持续的竞争压力下最能充分发挥潜力的运动员，不仅赢得奖励，还能提升自身在同龄人中的地位。我们一直密切关注着这些比赛，以免运动员因惩罚而蒙受损失。但这些已经系统化的比赛几乎人人都在参与，这是完全自发的、由学生自身驱动的自然结果。这些比赛在诸多方面也能自行调节：学生的技能水平不分上下，因此没有人会一直胜利。这种持续的排名更替不仅能防止学生妄自尊大和傲慢不逊，还能激励他们不懈地尝试提升排名。

但最重要也是最宝贵的一点是：竞争与成功的动力是成就

伟大事业的关键，让学生了解这一点并从中汲取养分是培养顶尖运动员的另一个关键。不要让结果成为阻碍：运动员应当专注于成长并培养终身习惯，尤其在职业生涯早期。

印象 | 性别差异 | 及时调整 | 成长
个性 | 成就感 | 适时评估 | 新鲜感
才华 | 连续性 | 阶段性计划
练习量 | 专注力 | 纪律性
早期专门训练 | 知识
平等沟通 | 竞争的环境

第二章
基础先行

HOW TO MAKE
CHAMPIONS

第一节
像导航一样制订阶段性计划

第一次观察吉姆·考瑞尔练习时，我便体察到了其工作态度的独特之处。虽然那时他只是个十五岁的孩子，却已身材高大、肌肉发达。每次短跑与训练时，他都会全力以赴；在所有的训练项目中，他也远远超越其他人。除此之外，当考瑞尔在赛场上飞奔时，他的脸上没有一丝焦虑，看得出他对旁人的看法不屑一顾。考瑞尔一心向前、心无旁骛，他从不渴求外界的赞扬或鼓励；考瑞尔坚持自我判断，也坚信自己的判断。所有人都看得出他渴望进步。

训练结束后，我把他叫来办公室，想要加深对他的了解。我询问了他的志向。他果敢又坚决地直视着我，并脱口而出："我想做世界第一。"随后，我又问他准备如何实现这一目标。考瑞尔自信满满地答道："实现这一目标离不开你的帮助。所以你又有何打算呢？"

这一问题自此便开始在我的脑海中萦绕。那天我彻夜未眠，通宵达旦地为考瑞尔制订成功计划。次日，我便在办公室和他见了一面，还告知他我之后的安排。我对考瑞尔说，我可以帮他成为世界第一，但是他必须严格按我的计划执行。其实，我的训练方法已在奥林匹克运动界获得了巨大的成功，只是仍未应用在网球训练中。我向考瑞尔大致阐述了我的想法，他满腔热情地同意了。然后，我又安排塞尔吉奥·克鲁斯做考瑞尔的教练。之后的几天，我们仨协作完善了之前的规划，并提出了一个具体的五年计划。

我们努力地照计划行事。考瑞尔从不过度运动以免受伤。他不知疲倦地练习着，在每一次训练或比赛中都竭尽全力、一如既往地保持着前进的动力，以取得持续不断的进步。几年后，考瑞尔就战胜了阿加西和桑普拉斯。接着，他又实现了第一个重要目标，即杀进法国网球公开赛的决赛。后来，考瑞尔成为我们第一个赢得大满贯的学生，最终又成为我们第一个获得世界冠军的学生。考瑞尔一直以来都充满了勇气与动力，但他认为成功部分来源于我们在其职业生涯早期制订的阶段性计划。

训练模块也称阶段性计划，是一种严格且详尽的训练计划。该训练计划专注于运动员的具体运动技能，并将短期的小目标与重要赛事相结合，以循序渐进地提升运动员的竞技水平。我们旨在设定一个系统性的训练计划。该计划不仅包括一般的提升策略，还能让我们的目标变得触手可及、易于实现。

实际上，训练应当发挥GPS（全球定位系统）的作用。也许我们按照一些模糊的、固定的指示（沿高速公路A向西经过X，到Y后右转，到Z后下一条街就是目的地，等等）或是该地区的大型通用地图可以抵达目的地。但是我们所选的计划应当是动态而具体的。它们不仅是根据运动员的具体经历量身定制的，还能不断地进行调整以适应运动员职业生涯的发展。如果你转错了弯，GPS会重新规划方向，并告诉你如何从新位置到达目的地。因此，体育训练也应如此。

阶段性计划背后的哲学原理是理解、比较并反思目标中两个最关键的部分，即我们已经拥有什么和我们还欠缺什么。这一原理需要我们向后追溯，即从目标追溯到我们的实际能力，进而列举我们实现该目标所需的适当步骤。这是具体目标在宏观和微观层面上都如此重要的原因。这些具体目标为我们提供了一个清晰的方向，以便我们围绕它设定计划。成为世界冠军的步骤要比赢得一次锦标赛的步骤更宏大、更宽泛，而赢得一次锦标赛的步骤又比掌握一种特定动作的步骤更宏大、更宽泛。但是，不论目标有多大，我们计划与分解步骤的过程都是相同的。在此，我们可以用俄罗斯套娃来做类比，即通过建立同一系统的较小版本来奠定基础。

对于年轻运动员而言，阶段性计划还强调时间的重要性。

实现崇高目标需要一定的时间。但是这种训练方法不但可以强化耐心与勤奋的观念，还能让运动员从持续不断的成功中总结经验。成功可能不是永恒的，但是真正的进步比单纯的取胜更重要。时间是精英运动员成功的关键因素，而专注于时间恰好使得阶段性计划优于其他计划。

运动员可将上述具体计划应用到各项体育运动中。我们从最终目标开始向后追溯，来考虑阶段性目标和最终目标。至关重要的是，我们应该制订既有最终目标又有阶段性目标的具体书面计划。而且这一计划应当是可修正的；运动员每实现一个目标，就应当对计划做出相应的修改。若没有一张详尽的地图来帮我们指明道路与标志，那么实现如登顶般困难的目标将会是一种奢望。非书面的计划不能算作计划，只能算是海市蜃楼。许多教练都拟订了书面的计划，但棘手的是如何将这一计划付诸实践。

游泳运动员乔治计划参加奥运会，设定了四年的计划，罗列了各种阶段性目标，如完善蝶泳打腿、出发与转身。同时，他也设定了最终目标，如缩短一百米与二百米蝶泳的时间。游泳是一项以科学方式训练的运动，它需要不断地记录、分类、分析与比较运动员的所有训练数据，如训练时长、比赛时长甚至是血细胞计数。在游泳运动中，千分之一秒就能定胜负。因此，制订由始至终的详尽计划是必不可少的。

乔治的训练团队回顾并比较了水下录像，以便从技术层面研究其动作。同时，他们还将乔治与最优秀的游泳运动员进行对比分析，如训练时长、集训时长与高水平比赛时长。基于这些对比，教练会为运动员的训练计划做出必要的调整。在乔治很小的时候，训练团队就将顶尖运动加入他的训练计划。

另一个要点是，我们要了解运动员如何从心理层面接受这种计划。运动员必须明确自己当前的训练阶段。训练包含适应、技巧提升、赛前、比赛与休息五个阶段。每个阶段大致会持续三周。有些运动员喜欢在日常训练前了解具体的训练类型、训练量及训练强度。而另一些运动员则倾向于在开始之前获取信息，以免产生一种先入为主的心理。因此，我们需要深入地了解运动员，知道他们各自最有效的训练方式。

运动员成长与进步过程中最重要的环节之一就是安排比赛日程，而阶段性计划正是基于该日程制订的。

首先，每场比赛都应当为达成该计划服务。教练与家长最常犯的错误之一便是选错赛事。例如，若计划一年内打入国家赛，那么运动员所参加的每场比赛均应为实现这一目标助力，反之则是浪费时间、金钱与精力。

其次，我们要善用斐波那契数列原理，即由前两个数字相加得到新数字的序列，比如1+1=2，1+2=3，2+3=5……这一数列也会出现在自然界中，如螺旋式上升排列的叶子与种子的螺旋数目；同时，这一数列也存在于建筑与艺术中。我们可以参加一次、两次或三次比赛，但绝不会连续参加四次比赛。运动员依据这一序列参加比赛，不仅可以避免受伤，还能保持健康以及对比赛的渴望。

最后，每场比赛的重要性各异，因此每场比赛的赛前准备程度也应有所不同。这是非常值得考虑的一点。

我们要制订赛前准备计划，并确定实现计划的必要步骤。比赛临近时，训练负荷将会减小，训练重心也会转为磨炼战术。此时，训练目标应该是在确切的时间点获得最佳表现。

赛后又是十周的训练，训练后运动员应休息一段时间。计划中的最后一个阶段——休息，是最简单的，也是最重要的。休息是修复运动员身心状态至关重要的一环，它既有助于调整运动员的心理状态，又有助于修复肌肉劳损。运动员也可进行一种积极的休息，例如参加另一项体育运动，但其运动强度应更低且旨在娱乐；或者利用这段时间彻底地休息一下。计划中最好设置一段缓冲时间让运动员休息，使其恢复到最佳状态。

这种计划方式可能看起来很复杂，实际操作时却相对简易。关键是，我们要拟订一份书面计划以实现训练的最终目标。然后，我们便可依据每年的赛事安排对该训练计划按年切分，并且区分各项赛事的重要性。同时，我们也需要重新审视这一计划，并在必要时对其进行修正。运动员应当将目标定为在四场主要赛事中达到巅峰状态，而其余时间则均在为此做准备。

实施训练计划时最重要的是进行有效的沟通。若教练独自草拟一份训练计划，然后便强迫运动员执行，那么从长远来看，这种做法是毫无益处的。制订这种详尽的计划需要大家协作。如果我独自拟订了一份计划，那它就只是我一个人的；但是如果我们一起制订了一个计划，那它就属于我们所有人。后者更能激发运动员的内在驱动力，所以这种训练应当是在合作与协同中进行的。

选择教练时，父母应该要求他们为孩子拟订一份书面训练计划，因为任何有水平的教练都知道这种计划的重要性。它不是几句模糊的想法，而是精确到每一天的详细安排。这份计划不仅能展现教练对父母和孩子的重视程度，也能展示他在体育训练界积累的专业精神与知识。这与第一章提到的"顺序"相呼应：我们在建构任何事物尤其是坚固且复杂的结构时，都需要事先考虑、规划。我们也需要适时地调整训练方向。若没有一份详尽、灵活、独特的训练计划，我们根本培养不出高水平的运动员，甚至不能切实地达成任何有意义的短期目标。计划，或者说阶段性计划，是培养一个顶尖运动员的基石。

第二节
合理安排练习量

在培养顶尖运动员的过程中，父母的首要任务是理解运动员如何接受与完成训练负荷，它包括练习量、练习强度、练习时长等。我们所说的高练习量指的是运动员进行的各项运动训练，以及训练达到一定技能水平所需的时间。

南非高尔夫球手加里·普莱尔的例子，就能很好地说明高练习量的作用。虽然加里在他参加的比赛中属于个子最矮的那一拨选手，但他相信经过大量练习，他也能参加比赛并取胜。加里从未错过一次训练，即使是下雨天，他也会去球场练习。结果是，他成了史上少数几个赢得职业大满贯的球员之一。

事实上，我周游各国物色运动员苗子时发现，技术水平的差距归根结底是练习量的差距。每周只训练四五个小时的运动员不会取得成功。大多数顶尖运动员长期保持着每周至少十八个小时的练习量。所以，加里每次来我们学院访问时，我都会请他给学生演讲以激励他们练习。演讲之后的几周，学院的学生都会带着一种无与伦比的热情尽可能多地练习。

孩子很小的时候，可训练性窗口期短，身体变化快。因此，父母万万不可让孩子错过训练。如果不参加训练或经常缺席训练，他们就会落后于其他同龄人。年轻好胜的运动员发现别人比他们技高一筹后，往往会轻易地放弃这项运动。父母必须严格监督他们。首先，父母应当抽出时间送孩子去参加日常训练，还要激励孩子不错过任何一次预定的训练。连续性是衡量练习量的一个重要标准。因此，头一周训练二十个小时而下一周只训练两个小时，或者不停地更换教练、训练体系都是徒劳无益的。相对而言，连贯地执行训练计划会更有成效。因此，训练量的设定要注重连续性与目的性。短时间且持续的训练比长时间且不连续的训练更有成效。

探讨顶尖运动员训练的基本构成要素时，我们既需要定义几个与练习量相关的术语，又要指出它们之间的关系。许多父母会踊跃地投入孩子的运动职业生涯中，因此理解相关的运动术语能帮助他们与教练及儿童运动员更好地进行沟通。另外，大多数父母会花费大量的时间参与孩子的运动事业，并由此成为训练团队的领导者。因此，对父母来说，了解相关的运动术语是非常有必要的。

练习量，即训练量，它指的是训练天数乘以每日的训练时长。

这类似于第一章提及的才华与潜力的区别。人们在口语中会随意使用某些术语，但是体育训练的术语有着非常具体的含义。知道了这一点，我们便能理解拟订有效训练计划时需要着重考量的一个方面：控制练习量。各种训练都包含两个相互交叉的轴：训练量与训练强度。训练量与身体的费力程度之积，称为工作量。

依照具体情况来调整工作量是重中之重：提升击球技术可能需要长时间且慢节奏的练习，或者说大量低强度的练习。相反，在准备比赛时，运动员训练的时间则更短但百分百投入，可称之为少量高强度的练习。因此，首先要明确运动员的训练需求，然后据此调整相应的工作量。

不仅如此，我们既需要了解运动员的个人训练风格及身体训练的倾向性，也需要弄明白他们最适合何种练习，并将其训练量控制在恰当的范围内。举例而言，奥林匹克游泳运动员乔治在训练期间，每日游泳 1.2 千米；而以创世界纪录的成绩赢得七块金牌的马克·斯皮茨与乔治参加了同场赛事，每日的训练距离却只有乔治的一半。产生这种区别的原因就是训练强度不同：斯皮茨的训练时间更短，但训练强度更高。

人们看到斯皮茨成功后，就极易推断高强度的练习是最好的训练方式。但事实是，这一推论十分危险。乔治与教练曾试过采用斯皮茨的训练方式，但发现斯皮茨的训练方法并不适合乔治。说到底，这其实是因为乔治没有降低他的训练质量。

强度与质量的区别在于它们所指的领域：强度是身体层面（心率、耗氧量等）的概念，而质量则是精神层面（集中力、注意力、注意焦点等）的概念。

对大多数运动员而言，他们承受不了在大部分时间内都进行百分百强度的训练。我们可以想象一辆赛车正在赛道上全速行驶：如果赛车突然需要转向或者变道而赛车手却不减速，就极可能酿成事故。同时，行车过慢也会导致事故发生。当然，驾驶者需要依据具体情况决定是全速行驶还是减速慢行，如行车时间及地点等。这也正是本节想说明的：教练需了解运动员的当前状况及需求，并据此做出相应的调整。通常而言，多数运动员只能实现70%的训练效果，尤其当年轻运动员有矫枉过正的倾向性时。例如，一些年轻运动员常常通过加快脚步来提高心率，以提高训练强度。但是，与此同时，其手臂也会加快运动。匆忙之中，他们的动作便会失去准确性与协调性。而驾驶一辆急速行驶的汽车往往更具挑战性，驾驶者会因为车速过快、反应力跟不上而导致行车不稳、不流畅。但是若行车过慢，他们又会睡着。因此，我们要学会预见与消解一些不可避免的阻碍与误会。事实上，不同的运动员实现最佳表现时，其所能接受且适用的训练方式均不相同。但遗憾的是，教练最常犯的错误正是认为运动员所能承受的训练量、知识量并无二致。

通过合理控制练习量，运动员还可以避免身体及精神上的疲倦与伤害。但当我们看到费德勒、罗纳尔多或哈姆等运动天才为比赛全力拼搏，并且不仅没有受伤，还能一直表现精彩、充满热情时，我们便会认为以上控制练习量的说法颇为费解。而相比运动员而言，教练更了解他们适合的训练类型及训练量，更懂得如何操控训练强度，从而使运动员获得长期的进步与成长，在运动员职业生涯早期尤其如此。

截至目前，塞莱斯依旧是我训练过的最有天赋的运动员。但是，塞莱斯在技术上苛求的完美主义也曾拖过她的后腿。十四岁时，她想在正手击球的技巧上做些改变，即从当时的双手击球变为更灵活、更有力的单手击球。塞莱斯不懈地练习着，她的练习量远远超出了我们给她预设的量。结果她受伤了，耽搁了好几个月的练习。阿加西也有过类似的经历，他想证明自己能很快地完成二发的一些必要调整，并改变抛球、握拍及整体动作。他接二连三地失败了，这正是因为做出这些调整需要投入大量的时间与练习。但是，他依旧不肯放弃。最后，他筋疲力尽了，尝试的结果也是一次不如一次。我只好把阿加西叫到一旁，让他立即停止训练，但他拒绝了。我不得不强行要求他停止训练以免其受伤。这便是控制练习量如此重要的缘由。

我作为一名教练，最大的幸运之一就是能接触到不同运动领域的其他伟大教练，比如南非教练盖瑞·吉尔克里斯特将其一生都献给了他的高尔夫球员。他训练出了世界上最优秀的一批球员。我知道他为训练魏圣美与保拉·克莱默所投入的时间。吉尔克里斯特让她们反复不断地练习各种铁杆、沙坑击球、近距离切球与推杆，希望她们据此实现击球技术的自动化。之后，吉尔克里斯特便开始控制她们的练习量来为奥运会做准备。

同样值得一提的是，可靠的运动机构清楚如何训练运动员，它们能提供未来至少一年以内切实可行的阶段性计划，而且练习量还会随着时间的推移而增加。因此，这又引出了控制练习量的另一要素，即有效的练习量需要严格地践行连续性原则。运动员想逐步地获得显著的进步与成长，就需要一份详尽、系统的训练计划。

以上理念不仅适用于身体训练，还可应用于信息的获取。随着年龄的增长，运动员成长了，对比赛的了解也逐渐深入。此时，教练应有计划地向运动员传授比赛信息，并引导他们在竞技时正确地应用这些信息。此外，教练还可以在现有信息的基础上进行扩展。除了身体训练上的瓶颈及高强度的训练策略，阻碍孩子扎根于运动界并取得伟大成就的因素也包括相对于当前竞技水平而言过量的信息。这种信息洪流加剧了孩子的焦虑与恐惧，使他们在熟悉各项竞技要素的交叉关系之前就已心态崩塌。随后，他们将反复不断地以一种低效的方式深入地审视自己、怀疑自己，直至潜力消耗殆尽。为了保护学生，教练应合理地控制其摄入的信息量，这种平衡需要一些时间来找到并持续有效地实现。

控制练习量的最后一个关键要素是找到并采取一种恰当的方式，来帮助运动员按需调整练习量。类似的方法有很多，比如让孩子在网校学习。如今，世界上多数的高水平运动员都在网校学习。通过这种学习方式，他们能灵活地将每日训练分为两个模块，以确保最大程度地接受训练与获取知识。另外，他们也可以随意地将小块的用餐和休息时间穿插在日程中。如此，我们便可以将练习量控制视为剂量控制，即合理地控制孩子每一阶段的训练负荷，使其为下一阶段的训练做准备。在一日两次训练和休息的安排下，运动员能够有效地接受身体训练并吸收知识，从而进一步提高成绩。运动员进行单次长时间的训练时，必须小心谨慎以免受伤。同时，鉴于此时训练负荷较大，他们必须降低训练的质量。

运动员必须享受训练的过程，只有如此，他们才会有意愿、有持续不断的动力去应对残酷的训练。不幸的是，随着年轻运动员不断地成长，他们面临的压力也会增多。此种情况下，我推荐一种屡试不爽的方法来缓解这些压力，即基于比赛的训练。

这种方法适用于各个年龄段的学生。学生能通过竞赛学到各种技能，但最重要的是，他们还能收获快乐。只要有一次满意的表现，学生第二天就会心甘情愿地回到训练场。他们越是享受，练习量就越大，进步也就会越多。然后，他们所取得的进步越大，练习量也就越大，依此类推。因此，合理控制练习量能有效加速学习的进程。

控制练习量时，一些方法或物品能帮助运动员按需进行持久的训练。合适的运动服与其他运动装备不仅可以减轻运动员持续训练时承受的压力，还能帮助运动员保持训练的积极性和免受伤害。训练必须激动人心，因此激励高成就运动员的方法就是增加训练的难度。教练可以为年轻运动员设定一个较高且有些挑战的目标，并保证目标达成后为他们再设定一个新的目标。

我还发现，运动员需要自行选择练习时的伴奏音乐。我们学院的球场上总是混杂着各种类型的音乐，因为球员练习时都会播放使其拥有最佳状态、充满活力、全情投入的音乐，如摇滚、流行、说唱、梅伦格舞曲、萨尔萨舞曲、雷鬼舞曲等语言、文化各异的音乐都有助于运动员完成各自所需的运动量。这一训练场景格外优美壮观。

至于可控目标及个人最佳成绩，运动员必须做到心中有数，这样他们才能参与练习量的控制。此外，运动员还要了解自己的身体,知道其自身对指导、训练负荷及作息比例的接受度。我认为,练习量是个神圣的概念。训练也可以进行得很全面、很彻底,人们称之为深度练习,但是唯有充足的训练时间才能保证最佳的训练效果。

第三节
把控练习质量

索尼公司前总裁盛田正明创立了盛田基金会。该基金会专门搜罗网球天才，以提升日本在这项运动中的影响力。我有幸与盛田成为朋友，并与他共事数年，尤其是在训练锦织圭期间，锦织圭的职业生涯最初正是由盛田基金会资助的。

盛田是个出色的故事讲述者。由于我与盛田有专业上的合作往来，我才有机会聆听他的人生故事，并深受启发。"二战"结束后，盛田与哥哥昭夫共同创立了索尼公司。当时，日本几经重挫，工业的发展饱经风霜、举步维艰。但是，盛田与哥哥昭夫梦想着彻底变革音乐的播放方式。就这样，怀着让听音乐变得便捷、轻松的梦想，兄弟俩随后发明了随身听。凭着对质量的不懈追求，他们终于实现了梦想。但是，他们并没有因此沾沾自喜、止步不前，而是一如既往地改进产品的质量。

质量是所有顶尖运动的核心追求，是运动员获得成长、发展及技能的基石。运动员必须从小就树立起重视质量和保持质量的意识，因为随着运动员的不断成长，他们的质量意识也将愈加强烈和深刻。

如训练中的所有微妙细节一般，我们只有深入地了解运动员，才能据此评估运动员对某一原则的践行程度。但是，就质量而言，我们仍需考虑另一个角度，即质量的好坏是一个主观的看法，对质量的评判结果会随评判主体的变化而改变。关于运动员是否全身心地投入训练，教练只能通过比较过往的竞赛表现，才能准确地衡量他们在无关紧要的训练中到底投入了多少精力。优秀的教练会为运动员设定可达成的目标，以便为评估其整体训练的质量设定基准。追求真正的质量是一个不断变化的原则，因为运动员不可避免地要与过去的自己做比较，因此他们只有竭尽全力才能有所进步。

质量这一概念中的主观性也许过于抽象，以至难以理解。为此，特意做出如下解释，以免更生疑惑：质量与一致性相关，因而显然惯例在训练中发挥的作用不容忽视。顶尖运动员不仅会提前准备装备、事先设定当日的具体目标，还会满腔热忱地投入训练之中。归根结底，运动员对训练的主观积极性不能从父母、教练或支持系统中的其他成员那里获得，这种积极性的培养完全是基于运动员自身。

真正的驱动力来源于运动员自身，他们必须时刻保持纪律性，绝不掉以轻心。在顶尖运动员的世界里，没有任何借口或无力的解释可言，他们必须全身心地投入训练中。的确，这既是原则性问题，也是现实性问题：运动员没有时间可以浪费在半吊子的努力上。"感觉不对"就休息一天，这对运动员而言简直是荒谬绝伦。他们需要克服身体与精神上的一切不适，全力以赴地完成他们必须完成的任务。运动员的日程包括晨起训练、学习知识、高难度训练、再次学习知识。第二天，他们仍旧早起，执行比前一天更高强度的训练与学习。时间管理由此成为纪律性中不可分割的一部分。运动员需要尽可能地以近乎百分之百的效率来进行训练与学习，这样他们才能按需求兼顾各项任务。

自律是运动员能够走上赛场、参加比赛的一个关键因素，因为高水平运动要求他们全神贯注、排除一切干扰，而这种自控能力又正是运动员在场上、场下磨炼出来的。

许多举世闻名的运动员、音乐家及作家都是在职业生涯晚期才成为圈中翘楚的。他们的经历都验证了一个事实，即纪律性是取得成功的关键。而运动员最终取得伟大成就的唯一途径也正是经历千锤百炼，还能始终如一、竭尽全力地投入每一次训练与每一场比赛，并且从不言弃。

专注力既是纪律性的一部分，也有着自身特定的意义。当一个人被称赞"意志力"强大时，它指的正是专注力。专注力是人们集中思想在某一事物上、不受干扰的能力。最容易摧毁运动员比赛心理的做法就是，将注意力分散在有损心理健康或无关紧要的想法上。以一级方程式赛车手为例，他们比赛时不仅需要心神专注，而且在竞赛的一个半小时内，还要不断计划战术与战略。如果他们的意志力不够坚韧，不能专注于手头的比赛、当前的赛况和充满挑战的"此刻"，那么他们所做的一切都将白费。

许多人认为，训练专注力的工作只有体育心理学家可以胜任，但事实并非如此。我们学院里的所有运动员都久经淬炼。在学生比赛时，我时常会刻意干扰比赛，以迫使他们比平时更加专注。我会故意做出错误的裁定以改变比分，使领先的球员失去优势。我还会让学生在比赛中途换用不同的球拍，避免他们整场比赛都使用熟悉的球拍，等等。这些都是非娱乐性的比赛，因为这些比赛结果决定了他们在学院里的排名，关系着他们所有人的利益。在比赛中，我不想听到他们的借口与埋怨，我只想看到他们在竭尽全力、全神贯注地克服困难。

许多人将集中力与专注力混为一谈，有这种误解也是可以理解的。这两者的区别相当微妙，但的确也很重要。专注力适用于整场比赛或宏观情形，而集中力则适用于比赛的微观层面，指的是将所有注意力放在一个具体的动作上。例如，当一级方程式赛车手以每小时三百公里的速度行驶在长直道上，或是碰到一个急转弯时，他们需要运用集中力。若运动员的集中力达到了以上程度，那么他们就更容易"进入状态"。

看见某人屡战屡胜时，人们会随口说出一句俗语："这个人进入了状态。"但是，运动员"进入状态"的情况较为罕见，也更具变革性。以上情形只有在运动员的表现近乎完美时才会出现：他们专注于比赛但此刻不再将比赛视为一个整体，他们开始全身心地投入每一次呼吸、每一次微妙的肌肉收缩中，这一系列动作衔接完美并且超越了它们各自本身。此刻，在运动员眼里，球仿佛在做低速运动。当运动员全身心地投入比赛中，其他的一切都显得无关紧要。

我训练过一些顶尖球员，但其中真正经历过"进入状态"的运动员却屈指可数。这种状况极为罕见，甚至堪称体育界的圣杯。即使是毫无实现的可能，运动员依然会为达成这一状态而不懈努力。这意味着他们必须绝对专注于比赛。

当然，绝对集中也意味着无论是比赛还是休息，运动员都要时刻保证训练的质量。我们学院规定运动员不得携带手机进入球场。有一个前途无量的年轻小伙子以为自己是个例外，坐在椅子上休息时，他掏出手机准备开始玩。我见此状，猛地冲过去，一把从他手中夺过手机并扔进最近的垃圾桶里。顷刻间，我本以为他的母亲会对我以上的做法感到不满，但实际上她和我一样生气。这个年轻人已经受过一次警告，所以他的母亲和我要求他从现在开始保持绝对集中。这位母亲明白，专注力与集中力是保证训练质量至关重要的因素，因而她理解并支持我们如此严格的训练标准。最后，这个年轻小伙子拿回了自己的手机。

谈到保证训练质量时，我们极少会引用诚实这一概念，但它的重要性不亚于其他要素。我们要诚实地面对自己和他人，换言之，顶尖运动员的成长道路没有捷径。为了实现目标，我们必须竭尽全力。正如新英格兰爱国者队的教练比尔·比利切克所说，诚实是才能的基石。

与诚实相关的另一个方面是自我负责。在成长过程中，运动员终究会学习这一课。事实上，尽管我们会得到他人的指导与支持，但获取成功终归靠自己，无人可以代劳。自我负责意味着我们要明白命运掌握在自己手里，我们既要不畏失败、接受失败，还要尽力避免失败。

保证训练质量的最后一个要素是目的性。运动员只有对训练目的了如指掌，才能培养出高质量训练所需的内在驱动力。这与前文提及的内容不谋而合，即运动员需要设定阶段性计划和树立清晰的最终目标。运动员总是需要明确目的才能保持动力。

在经营索尼公司与网球基金会时，盛田试图追求的是质量及日本人所谓的"改善"，后者大意为"变得更好"或"不断改进"。我们的目标不应该局限于发挥我们的全部潜力，而是要不断发掘我们在人生各个方面的潜力。随后便是反复训练潜力直至其成为一种本能，这样我们便能尽己所能地以最佳方式克服所有困难。

第四节

全身心参与的刻意练习

在观看费德勒这类运动员比赛时，人们无法想象他们在每场比赛、每次击球和每次移动背后付出了多少努力，又经历了多少挫折和失败。这是因为运动员的表现太轻松自然，以至毫无训练经验的人根本无法分辨每项运动训练的技术细节。虽然人们也知道运动员在体能训练和战略战术上付出了巨大的努力，但是顶尖运动员极其自然的动作却让人们体验到一种意料之外的美感。大卫·福斯特·华莱士是一名作家，他关于网球的文章让其他同类文章相形见绌。他刊登在《纽约时报》上的文章《罗杰·费德勒的一次宗教体验》描绘了这样一种奇观："此处所指的人类之美是一种特别的美，也可以称之为运动之美。这种美所拥有的力量感与吸引力是人类普遍拥有的，这种美无关乎性别与文化规范。事实上，它体现的是人类与人类拥有身体这一事实的有机融合。"

至此，本书已多次探讨重复这一概念。但是，该原则依然值得深究。重复无疑是训练的基石，故也是训练顶尖运动能力的基石。众所周知，"熟能生巧"。与其他此类俗语一样，这句话也蕴含着普适且超凡的真理。然而讽刺的是，人们却无法通过老话重提理解其中的深意。人们总想通过捷径与奇迹不劳而获、坐享其成。这种想法与书中关于才华的论述相似：通常而言，人们愿意接受天赋和完美无缺的专业技能，却不愿面对顶尖运动训练中的各种艰辛。但是，无论怎样，我们都无法摆脱"熟能生巧"的基本真理。这一真理永恒不变，有时甚至显得很残酷。正如地心引力这一事实，"熟能生巧"这一真理是毋庸置疑的，若想取得进步唯有投入时间。

重复是最简易、最迅速的一种学习方法。它所要求的不仅是重复动作，还有理解、分析、实践动作中的所有技术性细节。运动员往往要观看其运动录像以重新审视这一运动过程，并获取一些具体的反馈信息，从而理解其中的要领。彻底理解、分析、实践这一动作之后，运动员就需要多次重复这一动作，并关注动作重复的精准性。

就网球而言，桑普拉斯的发球练习就是说明重复性原则的一个较好的例子。他每天的日程均是如此：吃完晚饭后，都会去同一个球场，先快速地热身肩部，随后便将球放在平分区，再瞄准一个特定的位置练习发球。如果他能击中这一球，便会换球重来。此时，他不会练习其他的击球或发球，只是专注于掌握平分区的宽发球。他反反复复地练习着，每天花三十分钟专注于这件事。我去球场看桑普拉斯练习时，他总会用一百美元和我打赌他能否击中目标。一开始，我以为他为了击中目标给自己施加压力；但是，之后我才意识到，他这么优秀，一定会击中目标，所以他才敢下这么大的赌注，好把我从球场赶走。他训练的时候不喜欢有人在场边。

塞莱斯是另一个将重复性原则融入训练的运动员。在这一点上，她的做法无人能及。塞莱斯追求完美，并能以超乎他人想象的毅力反反复复地练习同一个动作。她像机器人一样，势不可当、从不停歇。某次，为了让她练习回球，我们安排了三个人对着她发球。她接下了所有的球。最后，三个发球员都因肩部肌肉劳损而不得动弹，但塞莱斯还在坚持。

值得注意的是，这些练习从本质上来说就是线性的，即动作的某些技术性细节练习到一定程度之后就不会再改变。但需要牢记的是，重复不等于停滞，反反复复地做同一件事是取得进步的关键一环。但是，就像其他的练习与训练安排一样，我们在实践重复性原则时要适应运动员的需求，并据此做出相应的改变。

举例而言，游泳运动员乔治对重复练习就非常熟悉，这是因为游泳这项运动比其他运动更加需要反复不断的练习。他这一生花了无数个小时反复不断地在泳池里来回地训练，为重大赛事做准备。然而乔治与其团队深知，乔治1.7米的个头（对游泳运动员来说，这一身高相对较矮）可能会让他在出发台和转身处比其他运动员多耗费几分之一秒。为此，乔治的训练团队便为他安排了每日训练之后的重复性练习：在练习起跳后，再向前游几下，然后便上岸、重复练习起跳。练习的第二个部分便是转身，即从约五米高的标记处快速往回游到墙边。乔治向我介绍这一训练过程时说道："你想要得到多少，就得付出多少努力。"

我训练过的最优秀的球员之一的事例，也许最能说明重复训练的益处。阿加西还在学院时，我会排出正午到下午一点之间的整整一个小时，让他去训练力量及挥拍速度。我每天反反复复地给他喂球，就这样重复训练了几年。当时，几乎所有与我谈论过此事的人都不认可我的做法，这些人认为我让阿加西在常规训练时长之外再进行如此的训练，肯定会损伤阿加西的肩膀。事实证明这些人错了：这种特别的训练方式不仅帮助阿加西提升了力量与挥拍速度，还给他带来了一个意料之外的好处，后者正是他取得成功的关键因素。通过这种重复练习，阿加西最终创造出了一种新的击球手法，即挥拍截击。这是一种强有力的进攻方式，他既可使用正手击球，也可使用反手击球；此外，他贴近底线的打法极具侵略性，这些都让他的对手几乎没有喘息之机。这种击球方式成为他比赛时的常用打法，不仅让阿加西在比赛中表现出色，最后甚至改变了阿加西的整个比赛风格。几乎所有人都在模仿他的击球方式与打法，打这种截击球成为其他球员的必修课，如今这种击球方式已经成了网球选手必备的技能。这种击球方式与打法产生的影响并非我们的本意，但它是重复训练、不断磨炼和不断追求进步的结果。

在训练阿加西并意识到这一进步的意义时，我反思了如此成就是如何实现的。当别人在做其他事情的时候，阿加西却独自一人连续训练了好几个钟头。我仔细观察着球场里的每一个细节：球场上除了我们空无一人，空气中掺杂着各种噪声，还有阿加西每次击球发出的声音，热气在球场上升腾，微风拂过我们汗湿的脸颊。我忽然意识到我有过类似的经历与感受。乔治总是在晚上练习入水和转身：外面又冷又黑，他一个人在偌大的奥林匹克泳池里游着，空中弥漫着一股浓烈的氯气味，低空中蝙蝠一掠而过，山上灯光璀璨，游泳池里回响着水花飞溅的声音。每次训练都是弟弟乔治、我和我的母亲三个人在，我的母亲做教练，我则坐在看台上提供精神支持，为他们加油鼓劲。训练时，乔治总会反反复复地溅起相同形状的水花和相似的波纹，夜晚的宁静就消散在水声中。这样高强度的练习既不令人兴奋也不耸人听闻，但它对提升才华与技能却至关重要。

从某种程度上说，高水平体育竞技就像一块瑞士手表：结构复杂、驱动精细。手表由各个手工设计的零件构成并协调运转。体育运动的运作方式也是如此：运动员要在每一个动作上下足功夫，进行不断的打磨与精进，直至他们将这一动作完美地复制下来。运动员训练过程的终极目标是身体和心理的所有功能自动与协调地运作，而扎实且精细的重复训练正是实现这一目标的第一步。

想象 | 性别差异 | 及时调整 | 成败
个性 | 成就感 | 适时评估 | 新鲜感
才华 | 连续性 | 阶段性计划
练习量 | 专注力 | 纪律性
早期专门训练 | 知识
平等沟通 | 竞争的环境

第三章
细节
还是细节

HOW TO MAKE CHAMPIONS

第一节
性别差异与因材施教

我们已经深入了解为孩子拟订有效训练计划的一些细微之处，但是我们还必须认识到生理性别和社会性别在运动员发展过程中也发挥着至关重要的作用。第一章就已提及男女运动员在力量与成长窗口上明显的生理区别，但是男女运动员之间的差异远不止生理区别。

虽然人们在口语中常常将生理性别与社会性别混为一谈，但它们的科学定义是截然不同的。生理性别指的是染色体的组合方式及其他生理成分，除了双性共存的特例，人类分为男、女两种生理性别；而社会性别则指的是基于各种社会因素及个人意愿的一种身份认同。因此，在探讨男女在训练过程中的区别时，除了可训练性窗口的区别，我们所谈论的大多数差异都与社会文化而非生理因素相关，即我们的文化环境与社会对男女的期待如何，以及这些期待将如何影响他们各自的表现。

1999年，科学家凯·伯西和阿尔伯特·班杜拉在《心理学评论》上发表过一篇论文，题为《性别发展与分化的社会认知理论》，其综述了社会化研究应用在性别角色上的历史和对幼儿的影响。基于性别社会化的悠久历史，伯西和班杜拉提出了更为完善的理论。该理论"假设通过对直接与间接经验的认知处理，儿童将自己划分为男孩或女孩，并从有关性别属性和角色的大量知识中提取了一些规则，这些规则设定了适合其性别类型的行为方式"。

但是，与现有的性别社会化理论不同的是，伯西和班杜拉指出该项研究并未表明既定的性别角色或规范将自然而然地影响个体的自我认同。他们反驳了这一假定并表示："自我性别的概念既不会驱使个体将与之相关的刻板印象人格化，也无法让个体由此认可那些在传统意义上与其性别概念相关的属性及角色。"他们得出的结论是："个体对特定性别属性及角色的评价与接受意愿受到社会观念的影响。"简而言之，任何特定的习惯及行为都并非男性或女性固有。人们对性别的理解，以及不同性别在个人层面及社会层面的价值评价主要取决于社会规范与期望。

我谈及这些是因为这些期望影响着我们生活的方方面面。并且对专业体育训练的相关人士而言，这些期望的存在感与潜在危害都是双倍的。男女运动员的训练的确存在着诸多差异，但与性别歧视相关的某些错误、迂腐的观念总被视作正当合理的指导，因此重要的是让运动员及其团队用真实的信息武装自己。

我总结了男女运动员之间的七个主要差异。我们需要正确地认识这些差异，以确保尽可能地获得高质量的训练成果。并非每个男孩或女孩身上都存在这些特性，但基于种种因素，男女运动员的各自情况大致如此。

一、竞争。我训练过的女孩基本上比男孩更反对竞争。小男孩迫切地期望通过战胜他人、主导竞争和在对抗与竞争中脱颖而出来证明自己，而女孩就不会如此自然地做出上述行为。如前文所述，这种男女差异与抽象的、关于竞争的遗传特性关联不大，而是由于几乎每种文化中的男孩、女孩都承受了不同的社会期望。女孩接受的教育是：她们应当更矜持、更顺从、更关注人际交往能力的提升，而不能专注于与文化审美标准无直接关联的身体特征。因此，据我的经验，精英运动要求运动员本能地投入竞争中，而训练女运动员做到这一点则更加困难，这种做法在很多方面背离了社会对女孩价值观念的教化。

女运动员极度恐惧失败，因此我训练她们时始终围绕着失败这一普遍的事实，在其职业生涯早期尤其如此。想赢与不想输之间的区别是显而易见的，但在多数情况下二者也是相关联的。这一区别为我们了解女运动员的思维方式及内心想法提供了一条途径。否则，教练将很难与女运动员沟通。

反之亦然，若不对男孩过度争强好胜的倾向性加以控制及约束，他们便会忽视小的胜利带来的真正成长。前文虽已解释过这一点，但重要的是，我们要记住高水平运动界有自己的文化背景及价值观，它更符合我们对男孩的文化熏陶、教化及鼓励。

我建议女孩抓住一切机会与男孩比拼、竞赛。这不仅能帮助她们缓解同龄人带来的压力，也能促使她们与比自己更强的对手竞赛，全力以赴，凭借自己的力量与优势以未曾有的方式在赛场上运动与比拼。

年轻的男运动员将彼此视作战友而非对手。他们不仅会结为朋友，还会互相鼓励支持、督促彼此进步。他们更关注比赛而非私事。他们能通过共同参与竞赛、相互竞争而获取力量。年轻的男运动员热爱竞争，这使得高水平比赛成为培养比赛技能的理想场所。

二、失去状态。在犯错时，男孩往往会紧张，进而在错误中停滞过长时间，而女孩此时则倾向于尽快地转变当前的情形。这两种倾向都对比赛不利，所以识别这两种冲动性倾向就显得至关重要。

举例来说，我这些年训练过的女孩在局势不利的情况下往往会试图通过过度击球来找回优势，但她们也不得不分散一部分精力以控制节奏,这种打法其实最不利于挽回局面。男孩此时则倾向于保守推球而非击球进攻,他们由此也会因为紧张的比赛氛围而错失明显的机会。状态不佳时,男孩由于害怕冒险,往往会不自觉地依赖技术上的灵活性,选择防御性的推球而非进攻性的击球。我们从中可以看出传统的男性社会化是如何表现这一行为的:人们期望男性如领袖般冷静沉着、坚不可摧。此时,男孩往往会付出更多的努力,耐心等待侵略性进攻的适当时机。

三、自信。从最广泛的意义上讲,男孩往往比女孩更自信。虽然男女在自信上的差异也同样适用于其他的生活领域,但它在体育界产生了一些特殊的影响。原因很明显:基于前文提及的文化社会中的诸多因素,年轻的女孩往往不易适应高风险的竞技性体育界;这样的竞争环境既要求她们具备一些超出传统审美标准的特质,又要求她们符合这一审美标准以满足观众的审美品位。一些举世闻名、出类拔萃的女运动员,如塞莱斯和米娅·哈姆,也时常会因为一些与外表相关的不自信问题而困扰,如体重、着装、发型及比赛时的气质与形象等。相反,男孩则根本不用考虑以上问题。虽然对赛事而言,这些问题都无关紧要,但当前的文化环境十分看中这些。因此,这些问题又将削弱女孩的自我价值感。

另外,社会教育男孩要展现出坚定的自信。当然这样也能让他们更易投入竞争，但是如此要求势必也会诱发出一系列的问题。男孩较少表露情感，他们需要帮助时，也不会轻易向他人求助。这是因为他们接受的教育是：男孩要坚强，避免情绪化。由此，男孩会产生精神疲劳，因为这种投射往往只是一种应对机制：这些男孩没有适合成长的时间及自由，因此他们趋向于刻意隐藏心理问题，而非直接地面对它们，在顶尖体育运动的环境下尤其如此，人们往往认为没有时间做这种事情。

许多人尤其是传统的体育教练，会认为男孩比女孩更擅长运动。但正如前文所述，这些技能表现与性别没有内在的关联。其实下这种论断时，我们应当考虑更为广泛的文化社会化趋势。例如，人们认为男孩更擅长运动的原因在于：比赛时，男运动员使用的战术及打法总要多于女运动员。根据我的经验，这是因为男运动员不受文化期待的束缚，他们不用如女运动员一般既要专注于比赛又要保持形象优美，尤其是在青少年时期，一种不幸又普遍的现象是女运动员的性吸引力也成为观众期望的一部分。因此，男孩为了在更多事情上变得更好，就更有能力、更愿意去出丑。这种男女差异根源于自信与文化社会观念的影响，女运动员不是不会使用某些战术与打法，而是不被鼓励这样做，事实上她们的行为表现也十分符合社会对她们的期待。

四、批评。显而易见，为了取得进步与提升，男女运动员都需要一些动态的反馈、建设性的批评和对失败的诚实分析。

女孩往往更在意负面反馈（我们可以看到负面的文化社会化趋势再次出现，以及它是如何诱使女孩产生这种反应的），也更乐于接受建设性的批评。值得注意的另外一点是，女孩不会因为软弱而哭泣，她们只是在用哭泣表达愤怒与沮丧。男孩则恰恰相反，他们不在意正向的反馈，反而更愿意直接批评自己的过失。这种差异依旧来源于社会环境的影响，男孩没有被教导去锻炼或欣赏同理心。他们被期望足够强大，以抑制他们可能自然产生的情绪反应。

引导这些倾向性是进行有效训练的关键，与此同时，我们也要明白任何类型的反馈都应当出自特定的群体。重要的是，父母决不能批评孩子，父母给出的批评反馈应当经由教练传达给运动员。这样做是为了维持良好的亲子关系，这一点在后文会有进一步的论述。

五、亲近。即训练时教练应时时刻刻保持专注与投入。教练应一开始就与女运动员建立牢固的联系，这一点是十分重要的。教练要让女孩感到被关心，以赢取她们的信任。与此同时，教练还必须时刻让女孩感受到自身的独特性与重要性。在女孩的整个成长阶段中，教练都要给予她们细致且独特的关注。由于女孩更难发挥最大潜能，因此我们要在她们身上投入更多的热情与精力，悉心呵护她们，关注她们身上的每一个细节。例如，开始训练前，教练就要仔细观察女孩的指甲、头发及着装，这也是向她们表达关心的一种方式。

男孩往往不会在意教练利用休息时间去其他球场指导别的学生，但女孩对这种注意力的分散表现得更为敏感。再次强调，这与运动员的技能水平或寻求安全感的生理性冲动无关，而是因为女孩一般更注重交际，其所接受的教育是她们的潜能只有在合作与亲密的环境中才能得到最好的发挥。

男孩不会介意教练同时辅导不同的运动员（当然，他们也需要得到教练全身心的关注）。但是，教练对女运动员的关注则应当有所不同。相比其他运动员而言，女孩的日常训练一般要更加个人化和专业化，才能更有效，教练也应与其父母建立紧密的合作。女孩直到十八岁都还与父母保持着直接而紧密的联系，而男孩则在十三岁左右就开始寻求独立。才华出众的女运动员的训练方式应稍有不同。对于有才华的女孩，教练既需要对其进行个性化的训练，还需要为其设定明确的个人目标，给予百分之百的关注。再次强调，这些都是根深蒂固的社会化的普遍现象，不应被视作任何人的生理性别或社会性别的默认倾向。

六、因材施教。女孩一般从九岁就开始培养个性化的技巧，一旦感觉良好，她们就不愿改变技巧风格。因此，在习惯养成阶段，引导女孩掌握正确的技巧是极有必要的。

不足为奇的是，男女的学习方式并不相同。男孩多为视觉学习者，他们喜欢模仿自己看到的动作，并通过试错来适应这一动作；而女孩则多为听觉学习者，她们喜欢通过讨论和解释而非实际的演示来进行练习。

根据你的行为作风及过往经验，你可能难以理解这种区别。但就我而言，在进行简短、清晰、准确的信息沟通时，我总会有一种紧迫感。因此，相比之下，我更喜欢实际演练而非宽泛的语言交流。当我发现学生偏好其他的沟通方式时，我也不得不改变风格以适应他们的沟通方式。举例而言，我曾与一名饶有才华的选手合作，她似乎总对我的指令感到茫然不解。幸运的是，我们之间的相处让她感觉舒适，因而她也愿意跟我讲实话。她说："你看起来总是很匆忙。如果你愿意，你是否可以慢点与我交谈，解释得再充分一些？如果我能理解训练的内容，我也就能很好地完成训练。"于我而言，这是一个极具教育意义的时刻。她博闻多识，思考问题也十分深入。她对于所接触的一切事物，会不断从各个方面进行分析与解构。训练时，我和她交谈的时间几乎多于我和其他所有学生交谈的时间，我们会就某项练习或训练策略的目的与细节进行深入探讨。我训练她的时间要更长，但好在一切都没有白费，她后来成为世界排名第七的网球选手。

七、计算。女孩更倾向于过度分析自己的比赛过程及策略，而男孩则更莽撞、不计后果。

这又回到了男女在社会上接受的价值观，两种情况都对运动员发挥运动技能不利。思虑过度会让运动员神经紧张、焦虑不安、自我封闭、心烦意乱，这样他们最终便会错失良机；而莽撞的运动员则会将战略与机变抛诸脑后，倾向于使用蛮力解决问题，容易自我膨胀，易被看穿和反制。这两种倾向性都是有害的，教练需要引导运动员将关注点转移到比赛的突破口及重点上。

思虑过度给比赛带来的负面影响可能不够明显。举例而言，许多女运动员因错失得分的机会而拉球失败。一起回顾比赛时，她们总结的失败原因总是万变不离其宗。她们虽然看到了机会，但是由于空档太明显，便猜测对手不但发现了机会而且已想好了反击对策。若确实如此，那么明智之举就是反制对手制订的反击计划，即不采取明显且易被反制的行动，而是用更为冒险的击球使拉球继续。这表面上看起来似乎是一个错误的选择，但若此前的猜测是正确的，而且她们也依据对手的反击策略拟订了反击计划，那么这将是一个正确的选择。

以下也只是思虑过度的一个层面。若对手已依原定计划制订了反击策略，放弃明显的机会这一行为本身就非常显眼。因此，不二之选就是抓住这个得分空档，因为对手也会猜测自己的内心被看穿。那么，如此猜测下去，运动员还会表现出色吗？这样反复的猜测只会让她们深陷在更多无意义的思考之中。

所以，如果她们一开始就抓住了空档击球，便可以赢得这一分。

从某种程度上说，这种分析有助于智胜对手。但是，当分析变得复杂和令人麻痹时，它对于与社会化自我意识做斗争的女孩来说，就会成为一种阻碍。而男孩则是另一个极端，他们往往会因为思虑不周而容易被他人识破、操纵，进而失败。

以上概述并非不可更改的事实。重要的是，我们应当对运动员的某些性别倾向及其来源有所了解。如此，我们便可以更全面地了解运动员，即他们在赛场上及生活中都是如何表现的。传统观念及有关性别的假设均不可信，教练应该亲自去调查，努力与运动员建立联系，并了解其居住地的历史及背景。根据我的经验，训练女孩通常需要更细致与更有耐心，但回报也往往更为丰厚；为运动员制订个人化的训练计划所投入的时间与精力也都是值得的。

第二节

个性有种无形的力量

我想花点时间谈谈阿加西如何影响网球界及世人对待网球运动的态度。在威廉姆斯姐妹之外，阿加西是史上最出名的网球运动员。他是在网球运动中加入个人风格与创意的先行者，即使他在诸多方面的类似做法未能得到公众的赞许，他也依然如此行事。阿加西使得运动员在赛后向观众告别的做法成为一种流行趋势，在他的带动下，这种做法已然为大众所普遍接受。场上场下，他都打扮得新潮入时（谁能忘记他在 1988 年美网公开赛上穿的牛仔短裤）。他还发明了当今人们所称的"阿加西结"，它是一种网球拍避震器。由于当时我们缺少远见，因而未曾申请专利。如今，"阿加西结"已经成为网球运动的必备物品，大小企业都在出售。它是一个新奇的硅制缓冲器，形如旗帜、表情符号、超级英雄标志、粗俗的手势、花朵以及品牌标志等，价格从二美元到五美元不等。

在未成名时，阿加西也总喜欢标新立异，他是个在生活各方面都特立独行的运动员。J. R. 莫林格为他代笔了一本自传，其名为《公开》。如果你读过这部作品，你就会知道他儿时的训练计划有多严格。十三岁时，他从内华达州搬到了佛罗里达州，就是为了进入我们学院学习，不遗漏训练，以进一步提升自己的竞技水平。你也了解他曾经的叛逆之举。从阿加西谈论网球运动及父亲虐待他的方式来看，他曾对网球深恶痛绝。由于阿加西在这项运动中付出了巨大的努力，网球便很快成为他的生命主线。但不可否认的是，他的确是一个网球天才。要想达到阿加西这样的水平，仅仅对网球充满热爱是远远不够的，关键是要做到全力以赴。

有一次，我们正在训练正手斜线击球，而阿加西却本能地将球打向了另一个角落以便直接得分。我试图纠正他并说道，"这项训练旨在练习长时间拉球"，但阿加西反驳道，"这种训练方式很不现实"。如果这是真实的比赛，他一定会抓住机会直接得分。无论何时，他总会尽快地结束拉球。当然，阿加西的标志性打法也是通过长时间拉球让对手来回跑动进而耗费体力。但是，只有当这种打法可赢得战略优势时，他才会采用。如果可以直接得分，他绝不会戏弄对手。

以上阐述是为了说明：个性是培养顶尖运动技能的另一个重要因素。教练或家长要明白：每个运动员都是独一无二的，他们各有优势、劣势、风格、偏好及惯用的训练或比赛模式。与此同时，他们还应当对每个运动员身上的这些特点有所了解。举例而言，阿加西是个非常注重实践的运动员，他敢于直抒己见。在球场上竞技时，他总是依赖直觉而非宽泛的理论或智力分析。这不代表他不聪明，只能说明他有自己偏好的训练方式。前文已提及遗传因素在运动员技能水平方面的作用。遗传因素不是一项硬性的科学规定，而是另一个需要理解的独特组成部分，尤其在分析运动员的整体发展时。高水平的训练机构及奥林匹克训练中心会测量学员的身体与认知成分，以便构建一条基准线，确定运动员的发展起点。基于此，教练便能依据特定运动员的具体需求为他们制订训练计划。

测试项目包括血型、身体技能、认知能力、行为能力及情商等。它们不仅能帮助教练了解运动员，找到更有成效的训练方法，还有助于教练在早期预先了解他们适合的比赛项目或竞技风格。比如，一定效能及数量的慢缩型肌纤维分解为快缩型肌纤维时，运动员选定的运动项目将会发生彻底的改变。游泳及长跑更注重循序渐进，因此更适用于慢缩型肌纤维；而网球、武术及体操更适用于快缩型肌纤维。

运动员的个性不仅深刻影响着专门训练，还影响着他们在赛场内外的恒定气场。教练与家长必须了解孩子的独特之处并加以培养，才能让他们在其所在的领域有所成就。谈及把孩子培养成其所在领域的下一代超级巨星时，我们并非想让他们直接模仿某位巨星的竞技风格，而是想让他们在这项运动上产生与巨星一样的影响力。阿加西之外，再无阿加西，他的人生无人可以复制。但是，其他人也可以成就如阿加西一般的伟大。孩子逐渐长大，他们也将扮演各种不同的"角色"。不管是在竞争还是社交中，正是孩子的这些特质造就了他们，后文将对此做出更深入的探讨。不可否认，这些特质在运动员的营销中发挥了至关重要的作用。基于这些特质，运动员可以树立他们的标志性形象：叛逆的阿加西、绅士的锦织圭、性感的库尔尼科娃、优雅而谦逊的玛丽·皮尔斯等。

　　运动员难以磨砺个性并保持一致的形象，尤其是在经受外界力量的千锤百炼时，这些外界力量指的是运动界的主要支柱，如狂热的球迷与层出不穷的媒体报道等。"疯子"马丁·帕勒莫就是在艰难困苦中保持个性形象的一个绝佳例子。帕勒莫是前阿根廷足球队运动员，他曾以236个进球成为博卡青年队史上最佳射手。有一次，在帕勒莫给我们学院的学生做演讲前，我们借此机会对他做了一次采访。尽管他不再踢球了，也不必保持他那远近闻名、充满热情又不屈不挠的"疯子"形象，但他仍用独特的人格魅力深深地打动了我们。最后，我们就另一个事件对他进行了采访，这件事比他在博卡青年队的进球数更广为人知。1999年，与哥伦比亚队对阵比赛时，帕勒莫连续罚丢三个点球。前两个球刚好弹离球门，第三个球刚好被门将接住。那时，对手与球迷都在嘲笑他，他甚至还因为这次令人印象深刻的失球而被载入吉尼斯世界纪录。

虽然当时他非常沮丧，但他知道此刻必须保持冷静。在之后的数场比赛中，帕勒莫被持续不断的、激烈的骚扰声围绕着，某些所谓的粉丝甚至对他进行人身侮辱。尽管如此，比赛时帕勒莫依然全情投入。当我们问他何以保持冷静时，他淡淡地说："我感觉自己生来就是做运动员的料，我不是为了功成名就，而是更适合这种生活方式。因此，我也能接受这一路上的起起落落。并且我参加运动项目的自信与决心来自本身而非球迷、教练、家人等其他人。"帕勒莫有着冠军的心态，他将不幸的失败置之度外，全神贯注地投入比赛中。很快，球迷便不再充满仇恨地吼叫了，他们开始为帕勒莫的每次精彩表现呐喊助威。有时，这种情况甚至会出现在同一场比赛中。

这种与个性相关的事例处处可见，即使是运动员所做的微小事件，也能体现个性。举例而言，在高尔夫比赛中，从老虎伍兹到达比赛现场的样子就可以看出他鲜明的个性。他会把车停在卸货区，对任何人都不言不语，只是低着头，显得安静又专注。而菲尔·米克尔森的情况则截然相反。他会在众目睽睽之下停车，而且下车时还会向围观者微笑致意。去俱乐部的一路上，他也会与人们握手言好，或者友好地招手。这两种做法并无高下之分，他们只是做了对自身而言最自然的选择。

思考方式是另一个常常被人们忽略和遗忘、与个性相关的要素。最独特的人往往是那些有远见卓识的人，他们观察世界的方式与众不同，因而也能辨识其他人错过的机遇与规律，并由此思考和设计最佳的应对策略。鉴于此，他们既能取胜，也能彻底地革新游戏规则。在所有运动领域及其他需要付出热情、增长专业知识与能力的领域中，非凡人物皆是如此。通常而言，沃尔特·迪士尼与史蒂夫·乔布斯这等人物会亲自设定理想蓝图，但不会为实现它而躬身劳作。即便如此，他们仍然是行业内的先驱者与革命者。这是因为他们的想法与构思敢于挑战传统观念，独特又大胆；他们坚定自己的立场，被人们视作行业标杆。类似地，我合作过的世界冠军都不喜欢和他人比较。这些运动员年轻时就想闯出自己的一番天地，做出与众不同的事情。

教练要鼓励与培养年轻运动员敢闯敢拼的想法与决心，依据其优势进行训练。一个优秀的教练不会被运动员的固执己见吓倒，相反，他会清晰且恰当地指引运动员发挥潜能。当然，这也需要与某种持续的期待平衡。扼制运动员的天性固然不好，但也不能让他们变得随心所欲甚至骄纵自负。总的来说，教练还是比运动员更有经验。但是，教练在磨炼运动员时也需要掌握分寸，避免对他们过于严厉。为了实现这一点，教练也需要进行多次试错。与这些运动员合作时，教练需要不断地学习，提升自我，竭尽所能地帮助他们实现梦想。不可否认，训练这类运动员很有挑战，但回报最大。

当谈到辨认年轻运动员的独特之处时，我将塑造与阻碍个性的五个要素概括为开明程度、责任心、外向程度、顺从度、敏感性。

前三项是积极的人格特质。开明程度指的是人探索未知、处理及解决新问题和遵从内心想法时付出的热情。开明的运动员乐于接受与运动相关或不相关的任何新想法，乐于体验新事物。责任心指的是运动员制订与执行计划的专注力、保持高效组织的能力和管理时间的应变能力。积极的人格特质也适用于运动员在运动场之外、远离运动的时间安排：他们有什么爱好，他们的激情是什么，他们如何打发时间。

外向程度既指运动员能否承受置身于"舞台中心"的压力，也指他们在多大程度上渴望成为众人关注的焦点。这一特质是由运动员对自己的信念决定的，来源于运动员的情绪智力与感知智力，即他们以自己为中心看待世界并据此做出反应的能力。自我中心是顶尖运动员的生活方式的核心事实，这是因为他们所从事的职业本就不赞成合作，他们的职业生涯以个人为中心。运动员必须足够外向，才能成为一名恰到好处的自我中心者——会照顾好自己，并以一种合理且强硬的方式将自己置于他人之前。

后两项是负面特质，它们在每个运动员身上的表现各不相同，而且最终还会抵消运动员的正面特质。第一条负面特质是顺从度，它与外向程度相反。其所指的是将他人的利益置于自己之前，而不是从运动员目标身份的角度去思考与看待世界。确实，自视甚高会让运动员成为与现实脱节的笨蛋。但是，从根本上讲，自视甚高相比妄自菲薄而言对职业生涯的危害更小。与此同时，顺从度也指运动员过于在乎他人对自己的评价，除非他人的评价对比赛有直接的益处，否则这种评价便是无关紧要的。

第二条负面特质是敏感性。敏感性与心态息息相关。一直处于消极、失落、悲观等负面情绪中的人和思虑过度、不断自我纠结的人，永远也不会在顶尖体育运动界有所成就。运动员要正确地处理这些情绪。从某种程度上讲，有负面情绪是很正常的事情，但运动员不能深陷在这些情绪中。

正如前文所述，个性往往表现为一种气场，即运动员身上一种无形的力量。这种随时间的流逝而不断增强与发展的气场，使运动员在人群中脱颖而出。优秀的教练不仅能分辨运动员的独特之处，还能帮助他们在场上场下将这些独特性发展成最大优势，进而留下一份永恒的财富。

第三节
养成惯例的重要性

　　一群经历过战争的士兵在一家跨国公司做保安，他们的例行工作就是巡逻和护送高级官员。现在，这些士兵依然要以最高的纪律标准训练，比如徒手格斗。与此同时，装甲车司机会投入大量的时间进行演习，无线电操作员总在专心致志地学习。情报工作是最关键的部分，情报员常说的一句话是：需要动用武器时一切都晚了。

　　工作期间，这些人每天都会提前一个小时抵达公司。在这一小时之内，他们会登记、整理、仔细清洁设备。包括司机与无线电操作员在内的所有人，都不会放过任何一个细节。他们不仅是在例行公事，更是在追求完美；执行任务的前十五分钟，他们会互相检查设备以确保万无一失。瓦列霍上校经常会告诉他的士兵："我们重复做的事情造就了我们，这些常规会形成一种习惯。因此，日常的准备工作必须有计划、有目的地执行，除此之外，别无他选。执行这些惯例对于我们军人而言是性命攸关的大事。"上述所有人具备的高度纪律性、对有目的的常规的尊重以及对完美的不懈追求，给我留下了不可磨灭的印象，如今我也将这些价值观灌输给运动员。

惯例作为运动员生活的一部分，远不止日程与定期训练这么简单。惯例既是维持运动员心理稳定的基础，也是培养全面而正确的职业道德的基础。在诸多方面，惯例之于重复训练就像内容之于形式，惯例也就是你重复做的事情。惯例包含训练前后的一系列行动。而重复训练则是惯例的形式。

许多人会问我冠军有什么共性，我总会回答：冠军从小就会表现出来的一种普遍特征，是坚持纪律与惯例。训练时，冠军都会提前半个小时到场。在这段时间内，他们会准备好所有的设备，提前热身以免占用训练时间。训练结束后，他们又会进行常规的拉伸活动。冠军还会在整个职业生涯中不断地完善这些训练程序。冠军养成的这些习惯能帮助他们保持内心的平静。

举例而言，网球运动员尤其容易把球场弄乱。除了球拍，网球运动员还要带各种训练用具，如四五罐新网球、几条毛巾、数个塑料水瓶、能量棒、手胶、创可贴等。训练或热身结束之后，他们总是将这些东西扔得到处都是。在这些情形之下，有些人仍可以有效率地进行训练，根本不受干扰；但阿加西就需要保持场地干净。阿加西每次练习甚至击球之前，都会花几分钟的时间把场地彻底地清扫一遍。这已然成为他的一种惯例，因为干净的场地能给他一种有条理且平静的感觉。

惯例通常是关于形成一种心理上的准备状态，它能够帮助运动员厘清思路，形成策略性优势。多年前，我曾去墨西哥城参加活动。那次，有两个很有前途的年轻选手与我同行。当时，活动委员会提出，让他们最优秀的年轻选手与我的选手比赛。当活动委员会的选手到达赛场时，人们一眼便能看出这些人准备得不够充分。因为他们只带了几支球拍和一条毛巾，而且动作与气场表明他们还没做热身运动。我并没有落井下石，趁此机会羞辱他们，而是向活动委员会的这些选手以及围观的群众解释了一下：相比之下，我的选手虽然比他们小四岁，但准备得更加充分。观众选中了我的一名选手，这名选手向众人讲解了热身的技巧，展示了自己网球包里的物品。总之，他的打包与布置方式完全符合职业运动员的标准。

在讲解背包里的物品时，这名选手还特意解释了大多数人都不会考虑的细节。比如，他有五支不同的球拍，它们的张力各不相同。这样，当球拍的球线断了之后，他随时都有舒适的备用球拍可用。与此同时，尽管他对墨西哥城的海拔并不熟悉，但这些球拍使他能适应这里。他还带了两双鞋，一双在硬地网球场穿，另一双在红土网球场穿。他这样做是因为比赛前一天晚上，他向俱乐部询问次日的赛况时被告知场地类型将视天气而定。以上便是一个高水平竞技运动员做赛前准备的例子。

大多数顶尖运动员都有一套严格的惯例，他们从小就承担了独自执行这些惯例的责任。到达训练场时，他们会准备好新的手指胶带、装满电解质饮料的热水瓶和休息时间吃的能量棒，并更换球拍手柄，换好系鞋带的鞋子。他们还会提前热身，为训练做好身体及心理上的准备。最后，他们会再做一些缓和运动，比如慢跑或骑自行车。训练结束后，他们也会再做些拉伸运动以免受伤。除此之外，他们还会控制饮食，分析自己的比赛细节和尊敬的职业选手。认真对待体育运动的运动员都会为自己而自豪，为自己针对比赛的各方面设定的积极、持续的惯例（包括训练前、中、后的习惯）而自豪。其原因很简单：若不能将一个有条理、有计划的惯例坚持下来，任何人都无法成为一名顶尖运动员。

仪式是另一种能带来平静的惯例，它们是一类能制造安定感的小动作。仪式就像船锚，尤其是在压力情形之下，它们迫使运动员放缓速度以避免仓促行动。莎拉波娃在早些时候就自创了一套庆祝仪式，这套仪式沿用到退役之时。赢取一分之后，莎拉波娃会用非优势手拿起球拍，微微一笑或对自己点点头，这些举动似乎都表达着对自身的认可。随后，她便会紧握右拳，对自己大喊一声："加油！"最后，莎拉波娃便会转身走向底线，控制一下呼吸以放松身体。站在底线时，她会停下来思索之后的得分策略，这时她会背对着对手。等到状态调整好、策略设定好之后，莎拉波娃又会回到发球或回球位置，移动双脚以提高心率。莎拉波娃的打球速度极快，每一次得分全程仅需十五秒。足球运动员罚点球或篮球运动员罚投球前，也会有类似的仪式。

人们都注意到纳达尔有很多仪式，他也会经常提到这一点。他说："我会在脚边放两个水瓶，它们正好一前一后地立在我座椅的左前方，并斜对着球场。有些人称之为迷信，其实不然。若放水瓶是迷信，那为什么不论输赢，我都会重复地做这一件事呢？其实，这是让我置身于比赛的一种方式，能让我周围的环境符合我脑中寻求的那种秩序。仪式的最后一部分——抬头，与放水瓶的程序一样重要。这时，我会先环顾一下球场四周，再看看中心球场的观众并从中找到我的家人。如此，我便可以在我的脑海中锁定我家人的确切位置。比赛时，我的思绪就不会被我的家人干扰，我甚至不会微笑，这是因为我知道他们和往常一样就坐在那里，一直如此。由此，我便能获得一种平静，这种平静正是我作为一名球员获取成就的基础。打球时，我会在自己的周围建起一堵墙，而我的家人便是凝固这堵墙的水泥。"

教练需要辨认运动员将会采取什么动作，以及他们必须采取这些动作的原因。这既是个性的另一个方面，也是教练与运动员的关系逐渐加深之后，教练必须认识的一点，哪怕运动员希望对此保密。举例来说，吉米·阿里亚斯退役很久之后，他才证实我的猜想，即他的网球仪式之一就是在正式比赛前的热身环节中，必须发第一个球。

此处应该强调的是，惯例与仪式应当是一类有成效的、积极的举动，或是一种附带的无害癖好。当仪式失去控制时，它会变成一种迷信，即运动员获取成功时过于依赖它，哪怕它与运动员的实际技能毫无关联。类似的事例有很多，即使是最优秀、最负盛名的运动员，也会注重一些惯例和仪式。比约·博格总是穿同一件斐乐球衣，锦标赛结束后他才会刮胡子；迈克尔·乔丹在公牛队时，会在队服里面穿上北卡罗来纳大学的短裤；塞雷娜·威廉姆斯将淋浴凉鞋带到球场，以此作为好运的象征；克里斯蒂亚诺·罗纳尔多下飞机时必须走在最前面，但他下巴士时必须走在最后面。

此类事例不胜枚举。对运动员而言，这种行为本身并不是最糟糕的，如果它在激烈的比赛到来之前，能给予运动员一种平静，那么甚至将有利于比赛。但如果运动员依赖的是这些习惯而非真实的训练经历与实际技能，这些习惯就可能成为麻烦。若运动员未将习惯控制在合理的范围之内，便会对比赛产生不利的影响。这时，教练往往需要肯定运动员的独特之处，让他们感觉自己可以表现得更好，还要防止这些习惯损害运动员比赛的心理状态。简而言之，惯例是在微观调控之下被严格遵循的习惯，它能给运动员带来一种平静的感觉。仪式是一种小举动，它能帮助运动员安定下来，让他们不仓促行事。而迷信则是一种错觉，运动员若过于看重这一点，就会埋没自己的竞技能力。

以上所有行为的平衡点很难找到，尤其是惯例与迷信，这取决于你训练的是哪种运动员，你必须经过努力学习才能做到。意大利公开赛期间，我第一次接触了迷信行为。当时，我正在和两名运动员一起参加比赛，她们都位列世界前十。这两名运动员各有惯例，而且都希望我能够参与其中。如此一来，我不得不两头来回奔波。每天，我都要分别和她们两人在同一张桌子上吃同样的食物，早、中、晚皆是如此。她们希望我能够参与惯例的每一个环节，包括赛前、赛中及赛后。当她们的比赛时间重叠又碰到下雨时，两人都希望我去观看自己的比赛而不是另一方的比赛。此刻，我进退两难，不知如何是好。于是，在这种情形之下，我做出了当下的最佳选择：我回到餐厅，在电视上看了她们两人的两场半决赛。然而，我没能遵循她们严格的迷信，这让我觉得不对劲，她们两人最终都输掉了比赛。巴塞特输给了克里斯·埃弗特，邦德尔输给了玛蒂娜·纳芙拉蒂洛娃。我们融洽的关系由此破裂，再也没得到修复，最后我失去了这两个学生。

父母与教练支持孩子做与众不同的事情是理所当然的。我们应当鼓励他们坚持适当的惯例与荣誉仪式，以帮助他们在比赛的压力之下保持心理上的稳定。这全是为了增强孩子对比赛的心理承受力，但也要注意不能让这些行为失去掌控。从诸多方面来讲，某些境况是不可避免的，但我们对迷信手段的强烈依赖是可以克制和避免的。所以，教练应当引导运动员坚持那些有意义、可以带来平静的行为，而远离那些带来短暂平静的迷信行为。

第四节
找到能够不断提升的专项训练

与上一节提及的惯例相似,很少有人讨论与专门相关的细节问题。同样,我指的不仅是设定一个专门训练计划的过程,也非了解运动员的行事动机,而是拆解和传授竞技过程中各要素的各个方面。

专门原则指的是设定更加具体的目标,从各个方面提升技能,这并非一蹴而就。对此,至关重要的是,教练需要对运动员有足够的了解,与他们建立一种真诚的联结。

一次只做一件事情对顶尖运动员来说不够现实,因为他们不容许有如此慢节奏的日程。因此,在包含各种项目的演练与训练之外,教练也可以实施我为学员安排的、被称为"特别关照"的训练,即在训练结束半个小时内,让运动员继续练习他们认为自己在比赛中需要改进的地方。

专门训练归根结底是要运动员对他们的赛事进行分析,识别人们所说的强项与弱项,并且努力地扬长避短。比如,一个高尔夫球选手也许会说他最擅长使用七号铁杆,但教练此时则需要引导他更加深入具体地挖掘这个问题。是什么情况下的七号铁杆?距离如何?是右曲球还是左曲球?是逆风还是顺风?是上坡还是下坡?教练必须教导运动员不用单一的思维方式来考虑一场比赛或运动技能。正如老虎伍兹曾经说的:"无论你现在有多优秀,你依然有进步的空间,这才是最激动人心的。"顶尖运动员可以通过深入探究比赛中的细枝末节,不断获得进步。

如前文所述,是取长还是补短,只能视具体情况而定。然而,我们必须承认:有明显优势的运动员比没有劣势的运动员更难对付。因此,运动员如何抉择,取决于他的个人竞技风格和他预备在哪方面有所提升。同时,从普通的击球到某种特殊情况下的专门练习等所有训练,既可以很简单也可以很复杂,取决于运动员的需要。

下面让我们再次了解桑普拉斯和阿加西,比较他们二人不同的发球方法。发球是比赛的一个基本技能,对此阿加西秉持的理念是:"二发决定你的水平。"也就是说,他不想在一发因为各种原因(压力、焦虑、疲倦等)而失误时,二发也失败。因此,他不断地练习二发,直到确保二发万无一失。如此,他便可以在一发时尝试一些冒险的击球方法,又不必担心双发失误。这与他更宏观的训练目标相关联:从保持多少次击球不失误到连续击中多少次目标等所有环节，他都做出了衡量，并试图在之后的练习中有所改进。他的训练专注于关键决策的设定和战术演习，而且这两者都是基于数据的。

然而，桑普拉斯的训练理念则更注重基础。他旨在练就肌肉记忆直至形成一种条件反射，以便快速地思考和直接采取行动。桑普拉斯与阿加西的发球方式截然相反。桑普拉斯认为，只要确保一发总是成功，那就不必为二发担忧。从他们不同的训练方式与发球方式中可以看出，两种不同的理念给予二人一些特别的影响，引导他们形成了不同的竞技风格。

对于这种差异，我们应当铭记的另一个要点是：鉴于专门与阶段性是一枚硬币的两面（或者更确切地说，它们是硬币同一面中不同层次的细微结构），训练方法迥然不同的运动员不应该在一起训练。但很显然，训练方法不同的运动员可以在一起比赛，尤其当他们是同龄人中最优秀的选手时。不过，混淆他们各自适合的训练方法，只会妨碍他们的进步，浪费他们的时间。阿加西和桑普拉斯从未一同训练，他们甚至没有和其他技能水平相当的选手一起训练过。在与技能水平较低的运动员或陪练一起训练时，高水平的运动员会抓住时机满足自己的训练需求。在每一秒的训练中，高水平的运动员都会专注于提升各方面的竞技能力。但两个才华相当的运动员在一起训练就只会浪费时间，因为二人的训练安排必须区分，以满足各自的特定需求。重要的是，父母与教练必须尊重与满足每一个运动员的独特需求。

专门训练要求教练了解运动员，引导他们主动积极地认识与精进比赛技能。但是，为了达到这一点，为了保证他们实现梦想，他们必须对自身的偏好进行深入的剖析，以发展自我，取得持续不断的进步。

第五节
训练也需要新鲜感

当我第一次来到尼克波利泰尼网球学院时，波利泰尼正在要求学员一次又一次地做同一种练习。正如前文所述，重复训练是关键，但是这种训练方式过于死板，并非对每一个学员都有帮助。有天赋的年轻运动员经常说，这种重复的训练是在浪费时间。其实，学员的想法是正确的。我们不得不加入一种新的运动理念，对训练进行了更新，开始关注变化的好处。

打个比方，我们可以追忆自己刚成年的那些岁月，那时我们刚开始自行谋生、独自生活。一天三顿饭既不能超出预算又要保证营养均衡，这对每一个刚开始下厨的人而言，都十分具有挑战性。结果，我们形成了一种惯例：我们会在背包里放一些便捷简单的食谱，然后一直重复地做这些菜。这种做法可能在一段时间内是可行的，它可能既有益于我们的健康，又是我们能承受的。但是，长时间做这三四样菜定会让人感觉乏味，因为我们并没有挑战自我，烹饪技艺没有得到丝毫的提高。为了让烹饪技术得到提高，我们必须引入变化。也许我们会尝试网上的新食谱，或加入新的调料、采用新的食材处理方式，为拿手好菜增添一点风味。随着持续不断地深入探索，我们的烹饪技术可能会有所提升。之后，我们也必然更加放松，更愿意深入探索，更乐于尝试新鲜的事物。因此，只有变化才能真正地扩宽视野、提升能力和打破瓶颈。

但是，参与变化的过程是辛苦的，它从整体上来讲非常困难。要想取得进步，我们必须乐于尝试新鲜的事物，愿意接受失败。它的效果并不是立竿见影的：若我们只是一遍又一遍地重复着同一件事，我们便感觉到自己有明显的进步，因为此时我们正在将现在的自己与以往难以改变的自己做比较。相比而言，训练肌肉记忆的过程更枯燥，但也更有意义，因为我们由此获得的进步是直接而清晰的。虽然重复训练非常关键，但我们也要给予重复、练习量和变化这三个训练要素同等的关注。简而言之，它们指的是我们重复一件事的行为、我们重复一件事的次数和我们重复做的事情本身。

再打个比方：设想一名刚入行的年轻商务助理为工作买一两条领带，学一种简单的领带打法，从而让自己显得更加专业。这就是他的整套行头，他在任何场合都会用这种方法系这条领带。工作时间一长，他不仅领带打得更好了，可能还会得到一些新的领带，比如过节时家人送的或晋升时获赠的等。也可能他赚了更多的钱，便会多买几条领带，因为他体会到了拥有多套行头、多种选择的重要性。某一时刻，打领带于他而言已经成为一种本能，他甚至还会学习一些新的领带打法，以进一步优化个人形象。他也能进行服装搭配，根据场合选择衣服的颜色与样式。我们可以看到三个训练要素在其审美养成过程中发挥的相互作用：重复加上练习量可以产生变化，变化加上重复可以提升练习量，等等。这三个要素之间是息息相关的，忽略其中的一个要素，就会损害另外两个要素。

奥林匹克运动员乔治非常了解停滞的危险。他每次游泳都会计时，因此总能确切地判断出自己何时遇到了瓶颈。比如，当十五次五十米蝶泳冲刺的成绩均是三十二秒时，他就是遇到了瓶颈。为了突破这个瓶颈，必须在训练的各个方面加入变化，如休息时间、练习距离、游泳冲刺的次数以及其他。乔治这样做是为了打破其身体固有的运动模式，防止自己产生自满的情绪。这个办法每次都奏效。

在做出改变时，我们也要注意调整的方式。至关重要的是，运动员也应当做一些与运动项目直接相关的练习，因为训练的最终目的是形成肌肉记忆与提升某些特定的运动技能。显然，乔治跑步或举重对突破这一瓶颈毫无意义：这确实是一种变化，却与突破游泳瓶颈没有任何关联。过多的变化会让运动员学无所成，了无长进，这与过多的重复训练带来的结果完全一致。变化必须比重复更微妙、更精细。我们不仅可以改变训练的内容，还可以改变训练的次数。做过多不同的训练只会让运动员困惑，分散他们的注意力。再次强调一遍：变化需要在新与旧之间找到一种平衡，需要了解当下有效的方法，以及创造更好的未来的方法。

为了正确地施加变化，教练先要选定训练计划中需要进行调整的部分。随后，从施加变化的那一刻开始，教练还需要跟进与监控运动员对这种变化的反应。若这一变动对比赛不利，那教练可再次变更训练计划。从许多方面来讲，变更训练计划的过程就好比计算机科学家修改和编写代码。假使教练对训练计划一次性修改过多，那问题出现之后，他们就会很难确定训练困境的真正原因。因此，教练对训练计划施加变化时要注重系统性。教练了解运动员对这种变化的反应之后，便要将变化彻底融入他们的训练计划，并观察比赛由此产生了怎样的改变与提升。充分且适当的变化能促进运动员的进化，有利于其运动技能的提升。简而言之，变更训练计划的过程包括选择、应对、改变和进化四个步骤。

为了让运动员的进化过程更加自然，教练必须为运动员设定一个系统的难度曲线。你要引导运动员循序渐进地完成训练项目，而不是让运动员疲于应付，或是通过简单的练习诱使他们产生盲目的自信,从而导致身体及自我意识的严重损害。一开始就进行高强度练习,毫不放松,至少会严重地打击运动员的信心,或损伤其身体。然而,设定一个毫无层次结构的难度曲线,再加上不合理的训练强度峰值,会让教练感觉到处处碰壁,进而也对运动员产生以上类似的负面影响。设定一个动态、有效的学习曲线极具挑战性,因为教练既要督促、推动运动员进步,还不能让他们过于疲劳。跳出舒适圈是关键:教练要不断地引导运动员突破自我、走出舒适区,挑战更有难度、更加复杂的训练项目。如此,教练便可引导运动员以一种循序渐进的方式突破极限,比如拉伸训练。这就迫使运动员每次训练都要向新的训练标准看齐,由此获得持续的进步。他们的身体能预料之后的训练强度将有所增加,这既有利于运动员保持身心健康,又能够改善他们的竞技表现。我们将这一现象称为超补偿效应。

值得一提的是,为了证明自己,运动员可能会主动要求挑战更高强度的训练项目,尤其是冲动的年轻男孩。但是,教练的职责就是了解最适合运动员的训练方式,并据此为他们安排相应的训练内容,哪怕运动员不能理解这种做法或者自以为对此更加了解。但这并不意味着教练完全不用与运动员进行沟通和交流,或者接受他们那些明显不合理的想法。有一次,乔治做增加肺活量的练习时,准备在水下游泳,一开始游了二十五米，随后又游了五十米，最后又延长到一百米。教练让他再游一次一百米，但是为了证明自己，他游过了教练规定的距离。最后，乔治被送进了急救室。当然，即使没有溺水的直接危险，乔治的这种做法也绝对不可取。

大多数情况下，训练结束后，运动员应该保留一些能量贮备，即运动员应该有还可以再坚持练习一会儿的感觉。然而，其他时候我们又需要推动运动员超越极限，走出舒适区。这种让运动员有所突破的变化不容许运动员满足于现状，而是迫使他们通过持续不断的学习获得进步。

变化有各种不同的形式，它们都在比赛的不同层面发挥着各自的作用。最高级的变化能让运动员获得成长，从而发展战术战略和构建解压机制。若你不了解该在何时、以何种方式来应用以上技能或战术，那你在这些方面比其他人做得要好也是枉然。这种变化非常直观：运动员只有参加了更多的比赛，对阵过更多的对手，经历过更多的情形，才能获得更多的知识，表现得更加出色。这也是让运动员从小执行高水平训练计划的益处之一：他们可以更早地开始积累相关的经验，也能接触专业知识。

战术知识是变化的一个重要部分，甚至在微观层面也是如此。变化归根结底是适应。在这方面，另一种训练对运动员也有所助益，即让学员在没有教练在场的情况下，仅凭自己的兴趣进行比赛。如今，这种训练方式已经成为许多培训机构的娱乐项目。环境的改变促使运动员尝试他们平时不会使用的打法，这种自然的转变让运动员以一种新的方式运用他们的技能，因而也为比赛带来积极的影响。

对追求完美的运动员而言，这也是一种放松的方式，它让运动员不再过于看重训练。完美主义是一个陷阱，许多崭露头角的运动员陷入其中就再也出不来了。他们会设想每个动作、每次击球和每一种打法的理想版本，然后每次都想实现，这不仅是不可能的，还会使运动员越来越难以适应战术。他们会自我封闭、专注于避免失败，这是因为他们没有意识到失败也是成长的一部分。友谊赛不受监控，气氛也更轻松，运动员也没有那么紧张，因此可以成为改变这种坏习惯的第一步。其实，参加友谊赛本身就是一种变化。

为改变运动员的训练安排而选择具体的训练项目时，教练必须视具体情况而定。然而，此处要说明的是，与训练的其他方面一样，最优秀的教练不仅会听取同行的意见，向他们学习，还会从业内的顶级人士那里寻求建议。请记住，这不仅是在选择训练项目，还涉及更宏观的哲学领域。我参加过数不胜数的高端教练会议与教练课程，但是多数人关注的都是为运动员寻得一些新的训练项目。如此一来，成为超级体育巨星的关键似乎是完成多种不同的训练项目和增加重复训练的次数。并不是这两种做法没有必要，而是它们对于打造冠军的用处不大。

变化是有效训练计划的最后一个关键要素。变化要求教练注重灵活性，识别训练计划中需要处理的问题。最优秀的教练会用新的方法去挑战和鼓励运动员，而顶尖运动员也能够正面迎接挑战。教练的职责就是在不伤害运动员的情况下，让他们不断地突破自我、超越极限。

想象 | 性别差异 | 及时调整 | 诚实
个性 | 成就感 | 适时评估 | 新鲜感
才华 | 连续性 | 阶段性计划
练习量 | 专注力 | 纪律性
早期专门训练 | 知识
平等沟通 | 竞争的环境

第四章
心理
战胜一切
HOW TO MAKE CHAMPIONS

第一节
无所畏惧

"无所畏惧"是我的首要训练原则。冠军的一切态度都基于这条原则，它也是最易理解的。从诸多方面来讲，"无所畏惧"是将运动三领域联结在一起、养成各方面才能的关键。

由此，我喜欢从饮食、运动与健康之间的关系的角度，来思考运动员竞技时生理与心理之间的关系。不可否认，于健康而言，控制饮食比适当运动更加重要。但是，若不做些运动，我们将永远无法实现体形上的转变，这是多数人追求的健身目标。顶尖运动员的养成也是如此。很显然，这一过程最基本的要求是掌握体育运动中必要的身体技能。但是，成为冠军还需要运动员有一定的精神力量和理解能力。实际上，这种精神力量也正是掌握身体技能的先决条件。"无所畏惧"是成事的基础，最易于理解也最难以实现。

儿时，妈妈常常给我和弟弟讲一些与"无所畏惧"这一原则相关的故事。这既是因为运动是我们成长过程中不可或缺的一部分，也是因为我的母亲明白：正如阿加西在名人堂讲演中说的那样，许多造就运动员、帮助他们塑造竞技优势的原则也能应用在我们的生活中。在记忆中，母亲给我和弟弟讲过一场沉船事故，它是所有故事中最生动形象的一个。乌云和狂风预示着危险即将来临。猛烈可怖的风暴将船只撕得七零八碎，船上的一些人因此惊慌失措，还有一些人甚至被冻死或淹死了，仅有少数主动求生的幸存者坐在一只简易的救生筏上。之后，在寻找陆地或救援的途中，这些人开始出现精神错乱，甚至因精神崩溃而逝去。最后，只有一个人幸存下来。这个人足够顽强，克服了一切艰难险阻，毫不松懈地坚持到最后，由此得到了救援。母亲讲的这些故事往往过于生动形象，让我和弟弟不由得感到惴惴不安。但是，它们总能给我们一个宝贵的启示，即屈服于恐惧与惊慌只会让痛苦逐渐加深，使后果更加可怖。

有许多方法可以分析和消解恐惧。但是，提前理解"战斗与逃跑"这两种反应背后的科学现象，更有助于克服恐惧。在危及生命的情形下，哺乳动物会立即产生一种不自主的生理反应，如激素水平变化、肌肉收缩、心跳加速、浑身出汗。这是身体在为战斗或者逃避做准备，即停留在原地自卫或尽快逃离现场以保安全。需要注意的是，从严格意义上讲，这些身体变化是生理反应，因而人们无法据此确认当前事件的实际致命性。

在感知危险时，身体就会发生这些变化；即使这种感知是潜意识的，也是如此。压力与担忧总是会引起这种生理反应。这种激素水平的变化若在非必要的情形下被激活了几十次，便会对人体产生持久的伤害。

以上是与生理相关的一些问题。其实，恐惧最有利的一面既体现在我们的生活中，也体现在运动中。恐惧会带来一种持久的自我怀疑，让我们错失许多原本不会成为困扰的机会。恐惧是对未来的一种担忧，这种情绪既要求你专注于当下，又会将你的注意力分散，由此便会阻碍你发挥真正的潜能。"无所畏惧"的核心理念是对未来的押注，即人对自身及其能力的信念超越了内心的担忧。每个人都会恐惧，会因此产生生理反应，会感觉到不安和担忧。但是，这并不代表我们不可以挣脱这些情绪。无所畏惧地行事，也并不意味着我们要消除恐惧或是消除恐惧带来的影响，而是指我们要找到一种让我们尽可能表现出色的方式去应对恐惧。

所有的比赛、战术和复杂的竞技理念都可以归结为一句话，即运动员在场上激烈地比拼时，只有两种选择——要么出手，要么不出手。事实是，不担风险就没有收获。也就是说，我们行动时预测到自己可能会失败，进而可能会付出惨重的代价，但为潜在的收获去冒险也是值得的。我们可以结合生活中的事例来思考这个问题。众所周知，走出舒适区才能有所成长。

历史上，像纳尔逊·曼德拉、温斯顿·丘吉尔和艾达·贝尔·韦尔斯这样的大人物是如何在极端的风险下完成伟业？或是在体育界，顶尖运动员是如何开创和发展最前沿、具有争议的打法及战术？

在体育运动领域，我非常赞同"计算风险"这一概念，因为它囊括了"无所畏惧地生活"这句话蕴含的所有意义。再次强调，我们并非旨在消除所有的恐惧，而是尽可能地掌控某种情形下的各种情况，避免恐惧导致运动员判断失误或发挥失常。比赛心理的重要组成部分是了解何时以及如何去冒险。假使运动员只是随意地发挥，并期望获得成功，那便是在冒险。这种风险带来收益的可能性不大。从某种程度上说，运动员选择或规避某种行动都可能带来不利的影响，都是在冒险。运动员仅需考虑成功的概率有多大以及失败的后果有多严重。与学习其他技能或锻炼肌肉一样，坦然面对风险的能力也会随着时间的推移而提高。这也是为什么优秀的教练经常鼓励运动员做些幼稚的小游戏，比如机场掷硬币，这个游戏在竞争那一节中已提及。让一个运动员尤其是处于职业生涯早期的年轻运动员，习惯于在低风险的环境中冒险，将有助于其在球场上做出类似的决策。与此同时，这样做还能培养他们计算风险的眼力。运动员由此将更容易判断自己在特定情形下需要采取的行动，因为他们之前在类似的场合下已经习惯这样评估概率。为了克服和控制恐惧，运动员既要充分理解策略，还要有战略思维。

进攻型打法与防御型打法的应用就能很好地说明这一点。处于防守状态，意味着你只能任由对手摆布。你做出的任何反击都只能适应对手的行动，他们所处的优势地位容许他们冒更大的风险。鉴于他们可以掌控你的即时反应，他们的冒险行动会更加安全。所以在各项运动中，最优秀的选手既具有进攻性又不显得愚蠢与莽撞。另外，在开局时，像阿加西这样的运动员之所以倾向于进攻型打法，是因为他们由此能掌控比赛的节奏，更易于了解对手的应对策略。这与拳击手在比赛开始时惯用短刺拳相互试探类似，他们并没有打算击中对手，而只是为了了解对手的闪避方式，为之后的猛击提供决策依据。因此，在比赛中，学会控制恐惧也是为了不给对手增添任何筹码。

运动员可能要花费许多年的时间才能学会"无所畏惧"这一原则。这是因为与顶尖运动所需的其他要素一样，"无所畏惧"需要运动员进行持续不断的学习。父母要明白，自己的职责就是支持和鼓励孩子以一种机智可取的方式去冒险。我们很难对此做出一个界定，因为运动员的需求各不相同，但是有一些基本要素不会变：从错误中学习；风险与创新同在；创新是不断进步的关键；恐惧的结果就是停滞不前等。

向孩子灌输这条原则的另一个原因是，他们还小，至少在开始训练的时候是这样的。天真烂漫的他们总想去探索与尝试。

这样一来他们也更容易受伤，更容易留下失败的心理阴影。学会应对、控制甚至主导恐惧，是一个需要时间和不断成长的过程，因此需要逐步推进。我们通过了解孩子，尤其是自己的孩子如何应对成功与失败，可以获得一些有效引导孩子的启示。我们要了解引发孩子恐惧的因素，以及如何消除孩子的恐惧。例如，父母往往会通过鼓励、夸奖来培养孩子的自信心。但这种鼓励要适可而止，因为它也会让孩子产生预期麻痹。孩子想给大家留下深刻的影响，不辜负父母的期望。因此，他们即使克服恐惧并在一开始就采取了行动，也会在尝试满足父母期待的过程中耗尽自己的精力，并陷入自责的情绪中。

与学员讨论这个问题时，我常常会用登山做类比。另一种减轻恐惧的方式是将挑战分解为更容易处理的若干小问题。登山时，即使最初我们战胜了难以克服的恐惧，中途没有停下来休息、调整路线、重新对登山任务进行评估，我们也无法登顶。观察专业的登山者后，我们便会发现他们有一套完全不同的登山体系。他们会提前规划多条路线，途中也会经常在精心设计的营地里休息。意外发生时，他们会改变路线，提前为失误或误判做准备。再加上坚持不懈，登山者就能够突破重重障碍，到达顶峰。下面这句老话对网球运动和其他任何事件都适用：站在山顶看风景时，会觉得一路的攀爬都是值得的。

我与学员经常使用的另一个类比就是驯马。从诸多方面来讲，恐惧本来就比我们更强大。因此，我们必须努力控制恐惧。应对恐惧时，我们不能太在意形象，即我们不用在意是否表现得优雅和镇静。若我们专注于外表形象而不是驯马，那我们必将被恐惧制服。

这也是为什么我们应该更多地关注发展而不是结果，在运动员的职业生涯早期尤其如此。如果父母期望自己的孩子每次比赛都胜利，必定会遭到当头棒喝。与此同时，他们为孩子营造了一种充满恐惧的环境，从而损害了孩子在比赛中的心理发展。没有父母想要伤害自己的孩子，但不幸的是，若父母不控制自己的情绪，对孩子妄加评论，便会造成一些无法弥补的后果。父母可能会将孩子与其他运动员比较，比如：你怎么会输给你之前的手下败将？你怎么会输给那个根本就没练习的男孩？失败与犯错是学习的必经之路。如果运动员太害怕失败而不敢尝试新事物，甚至完全不敢有所行动，那他们永远也无法实现自己的梦想。排名与胜负并非最重要。若你为此投入了时间，付出了行动，那么结果自然而然地都会变好。

无所畏惧是参与激烈的心理游戏的重要原则之一。恐惧的另一面是自由，它是一种进步，让我们有机会去发掘自己无限的才能。勇气一直在发展壮大，它是一切的基础；而恐惧则是必须被拆除的围墙。

第二节
想象是迈向卓越的第一步

我在学院里会问每一个刚来的学员一个同样的问题，这将引导他了解自己将要在这里做些什么。这个问题是：你的梦想是什么？我不问他的目标是什么或者某个时间点他想取得什么样的成果，而是问他心中最渴望的东西是什么，什么能让他在最艰难的瓶颈期和自我怀疑阶段保持动力。

我训练过的每个冠军都会给出同样的回答。他们直盯着我的眼睛说："我要做世界第一。"他们说这句话时没有任何的犹豫，语气中没有一丝疑问或怀疑。这个答案陈述着一个事实，宣告着一个迟早都会实现的目标和承诺。上一节谈及冠军那种显而易见的气质，那种气质就从这里开始显现：通过迈出第一步——想象，他们的自信与才能开始帮助他们实现自己的梦想。由此，我们便可以知道他们必然会实现最崇高的终极目标。

明确地讲，想象这一原则并非只是"想要"这么简单。每部关于弱队反败为胜的体育电影都想让观众相信，动力是大获成功的关键，但这种观点显然是错误的。运动员成功所必需的想象不仅仅是一种渴望，还是观念上的转变，即转变对自己及未来的看待方式。想象与其说是想要任何事物，不如说是在事情发生之前就知道这件事及其结果是真实的。要想成为一名顶尖运动员，你必须具备专注力、奉献精神及保持专心致志的精力。这意味着在梦想实现之前，我们必须努力，必须紧紧地抓住梦想以克服这一路上的重重阻挠。我们可以思考一下美国总统约翰·肯尼迪著名的登月演讲，他讲到人类本能地想要为突破可能性的极限而奋斗。他的经典名句是："我们做这件事不是因为它很简单，而是因为它很困难。"想想参加顶尖运动需要付出什么，提升排名需要怎样的心理、生理及情感条件。想象就是一种决心，拥有世上最深层、最全面的感知力。

幸运的是，对于依赖这种潜在动力的年轻运动员而言，想象并不是一种抽象的概念。科技无疑有助于培养年轻运动员的这种想象。因为他们现在能以一种前所未有的速度回看、分析与了解其体育偶像的大量信息，包括采访、个人经历及职业生涯的视频。互联网让运动员的梦想变得更精准、更触手可及、更有形。由此，他们在训练中自然而然地形成了"隐形人"的概念，他们会把特定的职业运动员作为假想敌，并不断地与其进行竞争。我们鼓励这种做法，也会使用这些假想敌的名字不断地提醒运动员。你能用那一球击败德约科维奇吗？纳达尔能轻松地接住那个球。要想打败塞雷娜，你的发球技术还需要进一步提升。要想击败费德勒，你得更早地接触这项运动。莎拉波娃十三岁时在橘子碗以零比六输掉两场比赛后，跟我说她练习并不是为了击败任何对手，而是为了击败塞雷娜。这个念头一直萦绕在她的心头，每时每刻贯穿在训练的方方面面。五年之后，她在温布尔登网球公开赛的决赛中遇到了塞雷娜。莎拉波娃克服了重重困难，最终击败了塞雷娜。除了球技，莎拉波娃取胜还因为她一直在为这场比赛而努力训练着。过去的五年里，她一直在脑中一遍又一遍地演练着这场比赛。

这也引出了年轻运动员熟知的一个与时间相关的现象。在精英运动界，时间以一种特定的方式被压缩、稀释了。在其他领域尤其是竞争性的领域，遇到甚至超越心目中的偶像通常只是一个遥不可及的幻想。它可能会发生，但是非常罕见，并且在艺术或商业领域，它的含义更加不同。但是，顶尖运动员必须接受这样一个事实，即他们不仅不可避免地会在比赛中遇到偶像，还会与偶像对战。这些情况很快就会发生。如果一切顺利，它们在运动员十八岁时便会发生。运动员理想的工作方式不同，这是因为他们的想象不同。运动员想象的不是未来可能会发生的事情，而是那些几乎肯定会发生的事情以及如何兑现他们的承诺。多年来，你一直想象着自己在最高水平的竞赛中与最优秀的选手竞争。然后，一眨眼你就和这些人在赛场上见面了。

如此一来，这里所说的想象就是一种选择，运动员为了保持动力需要主动且有意识地运用想象。乔治对挑战和孤独并不陌生，它们与激情形影不离。职业游泳运动员的日常安排会让人精疲力竭。他们每天有两次训练，一次训练在日出之前，另一次在下午晚些时候到太阳落山之间。他们每天都会在寒冷与黑暗中训练，风雨无阻。乔治会先游一圈，然后再看看池边的大钟，计算一下自己的休息时间。通常情况下，他只能休息几秒钟，然后便会再游一圈。乔治就这样一遍又一遍地练习着。职业游泳运动员一天通常会游大约一万四千米，或者每周游九万八千米。这种持续训练所需的动力以及诸如饮食等生活方式的选择，都是为了保持训练计划，而不仅仅是简单的愿望或奉献。这要求你对自己努力训练的方向有一个清晰的想象，以便使这种想象成为现实。乔治的团队会让他想象慕尼黑奥运会的场景，以及关注其中的每一个细节：泳池散发的氯气味、站在出发台上的紧张感、发令枪的声音、他跳入水中时人群的呼喊声。团队还让乔治想象他代表国家出战的感受：他穿上国家队服，被全世界最优秀的运动员包围。这些想象让他能够每天坚持练习，全力以赴地投入一万四千米的游泳训练中。

同样地，想象也指达到目标、实现梦想之后人们对机遇的理解与追求。举例而言，一个孩子总是梦想着飞行，梦想着游遍可到达的所有地方。当他问父母怎样才能坐上飞机，怎样才能去看老去处阿姆斯特丹之外更广阔的世界时，父母说他得成为一名世界级网球运动员。这个梦想就是他需要的星星之火，鼓励他在训练的起起伏伏中坚持下来。每一次舍弃、每一次击球、每一次冲刺、每一口食物以及想放弃却又坚持训练的每一个小时，都是为了最终获得成功。国家赛近在眼前，作为一个相对不知名的选手，没有人对他抱有期待，但他还是全力以赴地投入训练。时机一来，他就赢得了整场比赛。他将继续代表国家参加国际比赛，从此之后，他走遍了半个世界。最终，他把自己的成就归功于想象带来的努力。

然而，不仅运动员需要想象，教练也需要对球员充满无限的希望与信心，想象着看见他们取得成功。阿加西十六岁时，我与尼克·波利泰尼担任他的教练，他当时陷入了困境。尼克让我放弃阿加西，让我从所谓的"阿加西大巴"下车。尼克希望我把注意力放在那些真正关心比赛、有进步迹象、比阿加西更顺从的球员身上。但我了解阿加西的潜力与能力，因此我选择继续支持阿加西。我想象着阿加西赢得大满贯、成为世界冠军的景象。即使阿加西踌躇不前，仿佛沉浸在对当前状况不满的情绪中，我也从未动摇。他越惹我生气，我就越把他当作我为之奉献的个人项目。我不能让他的才华白白浪费，我竭尽全力地阻止这种情况发生。最后，我们团队成功地扭转了局势。2009年，阿加西谈论我们的关系时表示："在我的成长过程中，盖布给了我特别的支持，我非常感激他对我比赛的关注。在一个竞争激烈、快节奏的环境中，他仍然愿意花时间来关心我。客观地讲，他不仅完善了我的技术，也真正地充实了我的人生。"

我也会用想象来激励其他年轻球员。每天训练前后，我们都会想象他们参加大型比赛的场景。我们会讨论他们要如何采取行动，如何表现，以及如何使用奖金。这样做旨在让运动员专注于自己的梦想，并提醒他们：只要愿意为之努力，就能实现自己的梦想。

想象与职业运动能力中的其他要素一样，必须尽早开始培养。如果你是父母，你最近一次询问孩子的梦想是什么时候？你上一次公然鼓励孩子想象最远大的目标和关注如何实现这个目标而非关注结果又是什么时候？让人遗憾的是，我们在这方面做的工作还不够充分，这也妨碍了孩子的发展。当然，我们做这些工作时一定要掌握平衡，因为这类支持与鼓励很容易转变为上一节提及的那种令人难以承受的压力。但是，如果父母允许孩子做梦，孩子就会变得更有动力，并且这种动力的产生也将变得更加自然。若我们以职业运动员的标准去对待、要求孩子，他们就会表现得像个职业选手，因此拥有丰富的想象就是这一过程的一部分。

想象也与韧性、洞察相关，这种能力让我们如此清晰地具象化我们梦想中的世界，并推动着我们去努力实现梦想。就像在顶尖体育运动中，完全自恋的自我中心主义与自我保护的自我中心主义之间的界限在于它们如何影响与支持你的竞赛。妄想与坚定的想象之间的关系也是如此：两者的区别通常在于结果，在于运动员能否坚持到底、实现梦想，在于你被驱使着做什么以及你将如何行动。

第三节
端正态度，持续进步

态度是强大心理游戏的第三个也是最后一个要素。若"无所畏惧"是运动员成功最重要的因素，那从许多方面来讲，坚韧的态度便是他们在顶尖体育运动界获得持续成功最基本的要素。因此，这种态度不仅是运动员实现内心成熟的关键，也是他们塑造外在形象的关键。

在体育界，端正态度不仅仅指"积极思考"这样的套话，还是一种鼓励自我反省、成长和改变的心态，也完美地平衡了傲慢与谦逊这两种态度，使运动员获得超越排名和数据的持续进步。于整体的身体健康而言，良好的态度至关重要。因为消极和悲观的态度会导致焦虑和压力，从而引发一系列的身体不适，如迟钝、头痛、筋疲力尽、胃病及失眠，此外，它还会给运动员带来心理负担，影响他们发挥自己的潜能。

与普遍观点相反的是，态度并非与生俱来、无法更改。当然，每个人的思维模式不同，如乐观与悲观、现实与理想、同理与逻辑等，但这种倾向性并非一成不变。从某种意义上来说，培养积极的态度与学习一项新技能类似：我们必须了解其中的一些基本要素以便大致地掌握这项技能，但是随着时间与情境的变化，如何学习这项技能、如何调整、如何在不同情况下更好地掌握这项技能，都有很多细微的区别。

人的态度主要有四个组成部分。

一是行为。它是人体对外部刺激做出的反应。它并不是基于我们的思想或情绪，而是基于我们所处的环境以及我们对环境做出的反应。

二是性格。它是人的核心价值观、信念、内心以及最真实的自己。

三是个性。它是关于人们向世界展示自己的方式，以及向外界展示的品质在多大程度上反映了本性。个性在一定程度上是由环境、各种社会压力、内在诚信与道德共同形成的。

四是气质。它是人的先天特质、精力水平、热情程度、风度以及冒险的本能。这些品质会根据具体情况有所变化与调整。但是，在大多数情况下，它们都是人固有的品质，都依赖默认设置。

在此，我们将用以下方式解释态度的组成部分。想象一艘核潜艇，行为就是这艘潜艇对外部因素比如炎热的加勒比海或冰冷的极地水域的反应。性格是这艘潜艇内部的整个计算机导航系统。个性是外壳或造型。气质就是潜艇的航行方式，或平稳或颠簸。气质是唯一一个难以改变的部分。

态度的不同组成部分不断地被各种内外因素塑造和改变。它们以近乎不计其数的微妙方式相互影响。一般而言，人们有多种不同的方式来"训练"自己的态度。

运动员通过观察与模仿自己敬重的同伴及偶像，或遵守高水平运动中某些根深蒂固、成文或不成文的规则，可以有所收获，做出一些改变。有些原则通常要求运动员毫无怨言、全身心地投入某一件事，他们也明白这些原则的重要性，比如"无论如何，一定要竭尽全力""做任何事都要百分百投入"等。

训练态度的另一种方法是接受反馈意见，当运动员没有达到预期的训练效果时，他就要心甘情愿地接受教练、父母、导师的建议，以此获得成长并做出改变。端正的态度不容一丝含糊和消极。年轻运动员必须明白，他们要为自己的成功与失败负责。因此，不要找任何借口或做任何解释。

运动员的态度如此重要的另一个原因是：从本质上讲，态度是个人观念的集合，包含着一套价值观与原则。它不仅决定着你如何应对这个极其严酷且不容犯错（这点不能忘记）的职业运动界，还决定着你如何应对世上的一切以及你在其中的位置。态度直接影响着运动员生活的方方面面，无论是场上还是场下。它影响着运动员的训练方式、训练效果、商业价值、个人形象的一致性、总结失败经验的能力、获取知识的能力以及沟通效率等。态度将精英训练的方方面面联系在一起，并让它们之间形成一种潜在的互动。态度是精神与身体、情感与逻辑、内在与外在的结合。更重要的是，态度会随着时间的流逝、个人的成长与经验的积累而不断变化。所有最优秀的职业运动员都培养了良好的态度，因为无论个人是否优雅、友善或积极，他们都必须这样做。没有端正的态度，我们根本无法在世界抛来的重重障碍中生存下来。

迭戈·马拉多纳被视作史上最伟大的足球运动员之一。鉴于其职业生涯太长、太辉煌，此处无法完整概述。但是，除了高超的技术，马拉多纳作为球员与教练所取得的成功在很大程度上可以归功于态度以及他对不断进步的承诺。那不勒斯队是意大利联赛中臭名昭著的球队。转会到这支球队时，马拉多纳被奉为救世主。当地的一家报纸甚至写道：那不勒斯即使没有"市长、住房、学校、公交车、就业和卫生设施，也没关系，因为我们有马拉多纳"。他们说的没有错。之后，马拉多纳成功地激起了队友的斗志，带领他们多次在比赛中夺冠。

马拉多纳并非完人或不可动摇的圣人。在那段时间，马拉多纳染上了严重的毒瘾，多次因为缺席训练和会议而被罚款，还卷入一些个人丑闻中。多年以后，马拉多纳对一系列个人问题的行为反应最终影响了他的健康。他搬到墨西哥之后，成了一名教练（这本身就是一项令人印象深刻的成就，因为多数人一生中都只能成功地扮演某一种角色）。此时，他几乎已经不能行走，还饱受着身体疼痛的折磨。尽管如此，他仍然保持之前的态度，团结身边人，激励运动员创造伟大。事实上，考虑到他的病痛，这就更鼓舞人心了。坚强且无法抗拒的个人态度既不会让你无所不能，也不会让你免于争议与困苦，但它可以让你永不动摇，诚实地面对自己，始终如一。在精英体育世界无穷无尽的混乱之中，最优秀的运动员拥有冠军的态度便能保持稳定。

此处，阿加西的事例又可以作为一个很好的例子。不幸的境遇没有动摇阿加西的态度及个人信念。与波姬·小丝离婚之后，阿加西的排名一落千丈。这时，他并未利用自己的名气和此前世界第一的排名来获取外卡、购买赛事门票以迅速重回巅峰。相反，他决定坚持自己的原则，从底层逐步地上升到他曾经到达的、令人目眩的高度。训练时，他不仅忍辱负重地自己裁定、捡球、计分，还忍受其他球员的嘲笑。然而，正是对个人形象及态度的坚定维护，使阿加西成为拥有辉煌成就的球员。他坚持自己的原则，不会为了方便和省事而走捷径。

在这一点上，父母往往会试图庇佑孩子，为他们做些保护性工作。作为一位父亲，我完全理解这种冲动，但是我们必须控制这种冲动。从经验中学习是培养端正且健康的态度、保持完善的精神与情感状态的唯一途径，这些经验既可以是正面的，也可以是负面的。不要为了激励孩子而鼓吹他们的每一次胜利；不要为了让孩子开心或者让他们对自己以及自己的潜力感觉良好而迅速忽视他们的失败；不要允许他们每次遇到一点困难就逃避。对孩子而言有帮助的做法是：让他们自己解决这些问题，我们只是在他们有需要的时候提供一些支持与指导。但是，我们最终还是要允许孩子在这段时间里形成自己的情感观念。另外，我们也要诚实地对待孩子与自己，如果孩子要放弃，去选择其他运动项目或理想，那我们也只能尊重他们的选择。归根结底，冠军与其他人的区别在于：那些注定要在这个领域有所成就的人会留下来迎接每一次挑战，克服每一个挫折，从而变得更强大。

　　父母与教练也必须按照这种思路想问题。从很多方面来说，父母与教练的行为对孩子有着较大的影响，因为在孩子致力于某一项事业时，你们是时刻引导他们的人。父母与教练必须注重细节，思考如何管理自己以及如何要求孩子管理自己，以便培养他们的态度。举例而言，与运动员在一起时，我从不会坐着，我总是昂首挺胸，散发出一股自信、冷静、权威但不独裁的气场。我竭尽所能地为这些年轻运动员树立榜样。运动员从小就要开始培养一种高效的工作态度。父母与教练在帮助年轻的运动员保持健康的心态方面发挥着重要的作用。合理的日常安排以及日复一日的训练可以强化这种心态，使其发展成一种自主反应。运动员可以从负面或正面的一切经验中获得一些启示。在为奥运会做准备时，乔治会提醒自己，游泳是一项极具挑战性的运动。实现卓越的唯一途径是做好每一次起跳、每一次转身、每一次划水以及每一次冲刺。乔治要求自己每天都以同样的投入程度对待训练，而不仅仅是每四年一次。这就是冠军的态度。见过乔治的人都能立马感觉到他的气势、远大目标、自信与韧性。他体现了奥林匹克运动员应有的气质。

　　端正的态度不是一蹴而就的。这似乎是一个诅咒，尤其是当运动员正在应对早熟、焦虑和犹豫时。但这也说明人的态度可以变得更好、更成熟。我们可以向每一个人学习，从我们的每一次经历中学习，从而强化毅力，尽可能地成为一名最优秀的运动员。

想象 | 性别差异 | 及时调整 | 改变
个性 | 成就感 | 适时评估 | 新鲜感
才华 | 连续性 | 阶段性计划
练习癖 | 专注力 | 纪律性
早期专门训练 | 知识
平等沟通 | 竞争的环境

第五章
冠军
团队

HOW TO MAKE CHAMPIONS

第一节
父母的角色是重中之重

从许多方面来说，这一节是本书的核心，也正是本书试图表达的内容。本书旨在为培养顶尖运动员的父母提供一些指导。同时到目前为止，本书讨论的所有内容对取得各方面的成功都至关重要。但是，很多顶尖的体育运动都与人际关系相关，其中最具影响力的关系还是运动员与父母之间的关系，在运动员职业生涯早期尤其如此。

虽然这一点不言自明，但此处必须证实的是：目前，已有许多研究是关于亲子互动和孩子获得的运动成就之间的相关性。1994年，托马斯·鲍尔和克里斯蒂·伍尔格勒在其名为《父母的教养行为与分龄游泳之间的相关性研究》的论文中提及："父母的支持与孩子的积极性呈正相关，而父母对孩子的比赛表现及结果的要求则与孩子的积极性呈曲线关系。"这意味着父母只有适度地直接参与训练，孩子才能以最佳状态真正地投入比赛。

1993年，罗伯特·布鲁斯塔德发表了一篇名为《谁会出去玩？父母与心理因素如何影响体育活动对于孩子的吸引力》的论文，指出父母的鼓励与孩子自身的感知能力呈正相关。研究员塞缪尔·惠伦、凯文·拉桑德和米哈里·契克森米哈赖在他们合著的书籍《天才少年：成功与失败的根源》中提出，健康且稳固的亲子关系可以促进孩子的成长。书中写道："总的来说，孩子往往可以在高度重视自主性、依恋与亲子关系的环境中健康成长。"这一点在网球甚至体育运动之外的领域也适用。斯隆做了关于父母日常参与儿童爱好的研究，结果表明父母日常参与孩子的爱好，如艺术、写作、音乐、舞蹈等，对孩子的全面成功有着积极的作用。这是因为父母的参与"既保证了大量的练习时间，也避免了孩子犯错或玩闹的情况……而且父母的参与也给了孩子努力训练的动力和信心"。

我提及这些是为了说明事实是显而易见的：就像只有尽早开始训练才能培养顶尖技能一样，父母只有给予孩子持续健康的支持，他们才能成为最优秀、最有才能的人。

在孩子的成长过程中，父母只在一段较短的时间窗口对孩子的生活与爱好参与得最多。这是一个七年的时间跨度，从六岁到十三岁，父母应竭尽全力做好准备。以下是一些需要牢记的关键事项。

家长对孩子的期待必须现实一些。

并不是每一个追随爱好的孩子，最终都能成为圈内的专业人士或者以此为生。无论如何，孩子付出的努力本身就足以改变人生，因此不能等闲视之。在适当的支持与鼓励之下，人们从体育与艺术实践中获得的生活经验与准则是非常正面、积极的。父母都希望孩子在喜欢或擅长的事情上全力以赴、有所成就，这无可厚非。但是，父母还得明白，并不是每个人都能成为这个领域的下一个超凡大师。这也并不是说让你的孩子放弃尝试，若多年的实践与训练没有成效，那父母一定得告诉孩子：达到自己的极限或意识到自己的局限性，都称不上失败，他们可以将自己在这段时间里汲取的经验教训应用到其他领域。

来自斯里兰卡的利希尼·维拉苏里亚是我早期的一名学员，她是一个难能可贵的人。利希尼是斯里兰卡最优秀的网球运动员，也是我见过的工作精神最令人记忆深刻的人之一。为了帮助利希尼实现梦想，她们全家都搬到了美国。利希尼有着世界级运动员的勤奋态度与练习量，但是她似乎未能将这种势不可当的干劲转变为令人满意的比赛成绩。即使较多同龄女孩显然都比她更有天赋、更有潜力，但她依然没有放弃。利希尼继续练习着、训练着、奋斗着。但是最后，她还是无法赶上同龄人的网球技术与训练成果，已然到了一种无能为力的地步。现在，她成了知名的妇科医生，是医疗界的顶尖专家。利希尼及其家人都明白，她并不是一个失败者。利希尼在多年体育训练中磨炼了职业道德，并将其应用到她真正展现天赋的领域。父母只有诚实地鼓励孩子，认为孩子的爱好不只是为了取胜，这种有益的启示与令人满意的结果才有可能出现。

家长必须现实地看待自己。

父母首先要彻底地了解自己以及自己的育儿方式，才能以孩子需要的方式支持他们，引导他们追寻自己的爱好，进而逐步地成长为一名冠军。吉姆·洛尔在《唯一的制胜之道：性格塑造如何在工作与生活中为你带来更高的成就和更大的满足感》中，对四种不同类型的父母及其与孩子的互动方式进行了总结。第一种父母是保护者，他们会干涉孩子陷入的一切矛盾和冲突，为孩子的所有行为找借口。他们喜欢压制和溺爱孩子，从不给孩子成长的机会，从不培养孩子的自主性与应对技能。第二种父母是伪装者，他们表面上很冷漠，不关心孩子的成绩，暗地里却十分在乎这些。他们不想表现得太在意孩子，最后便走向了另一个极端，对孩子表现得极其冷漠和疏远。第三种父母是"火棍型"，激烈且粗暴的他们只关注结果，甚至还会虐待孩子。这类父母总是在逼迫孩子，不在乎孩子的整体幸福感，始终以一种独裁又蛮横的方式支配着孩子。第四种父母是挑战者，他们是最明智的父母，考虑得也最为全面。他们总是尊重孩子，与孩子合作，激励他们进步和成长。这类父母关注的往往是更宏观、更全面的发展理念，而非个人的胜利或成就。

虽然父母都想努力成为挑战者，但是奈何他们都有自己的倾向性。由于种种原因，我们往往会不自主地采取一些行动。为了高效地与孩子合作，我们必须认识到自己的倾向性，有策略地了解自己某些特定行为的原因，并由此做出相应的改变。

发展自己的内心世界。

同样地，父母的支持对于孩子发展爱好至关重要，因此父母必须尽可能地确保自己拥有明智的思维运作，深刻地认识和理解孩子的成长过程。父母要明白自己并不是教练，而是这个团队的总管，教练则是团队中的一员，为你工作。父母的角色最基本。

父母与孩子之间存在着一条情感纽带，因此更明智的做法是：父母要向教练提出要求，教练再反过来对学生施加压力，如此便可以维护亲子关系。尽管这样做很难，但是父母一定要谨慎地控制情绪，避免出现让自己后悔的言行。另外，父母要保持优雅，因为你们作为团队的领导者，必须做出榜样。

与此同时，父母还必须理解"无所畏惧"的概念，这一点在前文已提及。作为团队的领导者，父母要有勇气，然后才能将这份勇气传达给团队的其他成员。此外，父母还应当鼓励孩子做出明智的决策，也要了解犯错是情理之中的事情。

发展运动员的内心世界。

同样地，了解如何培养一名优秀且心理平衡的运动员至关重要。举例而言，鉴于运动员训练的动力是一种内在驱动力，把握时机尤为重要，这一点在前文中也已提及。这种驱动力必须来自运动员本身，他们必须尽可能早地认真培养和利用这种驱动力。年轻运动员要以发展而非结果为导向，这样才能从中获得向主要目标前进的动力。

尽早地培养守时、提前准备和照计划行事的习惯，也很有必要。毕竟，运动员的唯一职责就是，让这些核心价值观在体育生涯的各个方面发挥作用。运动员的团队要不断地激励他们去践行这些行动背后的原则，比如努力、斗志、毅力、个性、宽容、勇气以及雄心。

发展父母与孩子共享的内心世界。

父母与孩子之间仅仅互相理解是远远不够的。父母还必须了解合作的一些微妙之处，掌握合作的方法。父母还要设定一些所谓的"核心价值观"，比如诚实、纪律、态度以及尊重，而且父母决不能在这些要求上有任何妥协。此外，父母要尽早确定涵盖同情心与逻辑推理在内的沟通与对话规则，以便处理孩子长大之后出现的叛逆问题。孩子一定会有抱怨或不听话的时候，所以父母也要提前做好心理准备，并设定这些争端的处理规则。

所有父母都应该尽量深入了解孩子，尊重孩子的复杂性，不要自以为比孩子更了解他们。最后一点也是最重要的一点是，我们要让孩子知道父母对他们的爱是无条件的。

不要以为父母什么都不懂。

最后这一条注意事项主要适用于教练，但是父母也应当牢记这一点。虽然大量的实际训练理所应当地由专业人士完成，但是我们也决不能认为父母只能给孩子提供一些精神上的支持。著名的事例是，阿加西的父亲迈克是一名拳击手。迈克靠提前出拳以压缩对手的反应时间取得了成功，而阿加西的强力底线打法正是来源于父亲的这种出拳与还击策略。

吉米·阿里亚斯的父亲安东尼奥是另一个很好的例子。安东尼奥是纽约布法罗大学的一名电气工程师兼数学教授。他开始沉迷于圆形和连续运动的优势，以增强正手挥拍的效果，确保后续动作绕着脖子不停地进行。而在当时，世界上所有的教练都在教授直线运动，即用球拍指向目标完成击球并直后挥拍。

安东尼奥在我们学院一间教室的黑板上写了许多公式，他试图用数学原理向我解释完成击球后的弧形动作更有优势。虽然我完全不懂他的阐述，但是当我看到这些原理的实际应用时，我便明白了他的意思。吉米年仅十二岁时，他的正手击球就已经变得极为凶猛，并成为他所使用的最强大、最有力的武器之一。从很多方面来讲，他的父亲是现代击球方式的先驱，用自己的数学知识永远地改变了这项运动。

吉米本人也曾在采访中谈到这一点："小时候，父亲是我们心目中的英雄。我的父亲同意我打网球，并且支持我成为一名职业网球选手。父亲是一名电气工程师，教给了我一些物理知识。基于这些知识，我练成了现在的正手击球打法。另外，上第一节网球课时，父亲听了职业选手给我的所有常规指导，便说'这是我此生听过的最愚蠢的事情。你必须放松手臂，让它自由运动。否则，球拍速度将会降低，球拍头会朝下。你得先让球拍飞起来，然后才能学会如何击球'。"

为了给孩子及其天赋营造一种支持性的环境，父母不仅需要知道自己该主动做些什么，还应该了解自己不能做什么，也要避免"火棍型"家长身上常见的一些行为。另外，父母要诚实地审视自己的某些倾向性，学会识别自己的某些特征。例如，当孩子没有像你想象中那样喜欢这项运动时，你就会强迫孩子练习；每次与投身于运动的孩子在一起时，你都化身为一名自以为无所不知的全职教练；在家里或在车上，你会不断地给孩子施加一些过分且不必要的压力，不停地与孩子谈论着练习和竞赛，等等。

父母不能做的另一件事情是让孩子感到内疚和愤恨，不断地提醒孩子——你和其他的家庭成员为他付出了多大的努力，投入了多少金钱。

这些看起来似乎是不言自明的，但是依然有很多父母掉进陷阱，最终给孩子带来了伤害。尽管世界上某些最优秀的运动员都是被这样的父母抚养长大的，但是他们的成功并非得益于父母在他们身上实施的这些不当行为，而是来自他们为避免这些行为的不利影响而付出的努力。

玛丽·皮尔斯的父亲吉姆·皮尔斯就是这样的家长。他非常爱玛丽，他对玛丽的深爱是毋庸置疑的。他的整个世界都围绕着玛丽的网球运动，吉姆近乎发展到了一种痴迷的程度。他经常会对玛丽大吼大叫，严词斥责。日常训练时，吉姆总会发脾气。离开球场之后，吉姆还会继续与玛丽谈论网球，不给她一丝喘息之机。他会在看台上和玛丽对手的啦啦队打架，也在训练以及正式比赛中引发了许多类似的尴尬场景。他为玛丽付出了太多，从未将父亲的角色与训练团队成员的身份分开。随着时间的流逝，玛丽变得越来越沮丧和疲惫。父亲的这些做法给玛丽的精神和情感都造成了深远而持久的影响。十八岁时，玛丽解雇了自己的父亲。之后的许多年里，他们父女俩都没有说过一句话。吉姆曾对我说，他"帮忙制造了一辆法拉利"。尽管吉姆暂时失去了女儿，但他依然认为自己的所作所为是正确的。去世之前，他终于与玛丽重归于好了。但是此前，他们父女二人都深处痛苦之中。玛丽在这种情形下依然能取得如此的成就，这种情况并不常见。

若孩子能从错误中学习、获得成长，那他们也应该因此感到自在舒适。类似地，如果父母犯了上述错误，那么为了孩子的成长，为了维持父母与孩子之间的良好关系，父母有义务去做出改变。威廉姆斯姐妹的父亲理查德就是这样做的，他很早就让威廉姆斯姐妹开始训练。通过持续的学习，理查德渐渐地辨明以非传统的方式帮助两姐妹和主动伤害两姐妹这两种做法之间的区别。第一次见理查德时，他唯一感兴趣的话题就是钱，他总想着两姐妹能为他带来多少收入。他甚至还会直接拿她们相互比较，说："维纳斯的确很优秀，但塞雷娜才是能真正混出头的那一个。"

理查德的训练风格异常独特。学院里的教练通常会将技术指导安排在赛后，这样做是为了避免运动员在比赛时思虑过度。而理查德则会在比赛中不断地指挥威廉姆斯姐妹，指导她们把球扔得更高一些等。理查德选择训练环境时也不会循规蹈矩。举例而言，我们都认为运动员应当在同一个地方接受训练，如此才能发掘运动员的全部潜力。而理查德却会不停地把两姐妹带到新的地方，让各种教练训练她们，让她们接触不同的训练环境。此外，理查德甚至会让两姐妹退出毫无胜算的比赛，比如他就曾让她们退出青少年锦标赛巡回赛。

威廉姆斯姐妹取得的成就证明，理查德的某些训练方法确有成效，但也只有部分方法奏效。理查德用了许多年的时间才找到支持女儿训练的最佳方法。2007 年，在索尼爱立信公开赛期间，妮科莱·瓦伊迪索娃与塞雷娜对阵时以一比六的成绩输掉第一盘后开始要求场上指导，这也就意味着理查德要上场指导塞雷娜。妮科莱接受战术指导时，理查德正与塞雷娜谈笑风生。理查德称赞塞雷娜的衣服和指甲都很漂亮，整体搭配很和谐。他还告诉塞雷娜，他非常享受今天的比赛，让她玩得开心。观众见状开始哄然大笑，而此时坐在妮科莱教练席上的我却正在为理查德的成长进步感到惊喜。理查德这种随意又别具一格的训练方式最终有了回报：塞雷娜轻松地赢得了比赛。

汤米·哈斯的父亲彼得也是一个很好的例子。彼得知道何时以何种方式支持汤米，让他取得进步。汤米的父亲本就是一名实战经验丰富的教练兼运动员，因此汤米运动生涯早期的许多训练都是在父亲的悉心指导下完成的。十三岁时，汤米与许多同龄男孩一样，渴望独立，想要逃离父亲的视线，期待更多地与其他人合作。汤米做的这个决定让父亲十分痛苦。汤米的父亲多次与我促膝长谈，我们一起讨论着汤米的过去和将来。我们都了解汤米比同龄人更成熟、更睿智。与许多同龄人不同的是，汤米更换教练的举动不是叛逆青春期为了寻求自主性，而是为真正地提高技能采取的一种举措。汤米的父亲知道自己必须让汤米更换教练，尽管这对彼得来说是非常艰难的，但他还是照做了。

与此同时，这种转变也可能以另一种方式发生：随着时间的流逝，父母的支持方法可能会变得越来越不奏效。曾在年轻运动员身上起效的方法，随后可能会变得没那么有效。尤里·莎拉波娃就有这样一位父亲。他付出了许多，为女儿创造了一种强有力的支持性环境。玛丽亚·莎拉波娃十三岁时，训练逐渐个人化，我们开始真正地磨砺她的优势和劣势。此时，尤里也越来越多地参与莎拉波娃的训练。每次训练前，我都会和尤里碰头，一起规划训练的每一个细节，包括训练时间、训练时长、训练场地、球场号码、教练、击球搭档和特定练习的训练目标。尤里的建议非常有用。尽管尤里对莎拉波娃以及与训练相关的人员都有很高期待，但他仍然表现得彬彬有礼，从未越界，也从不对人发脾气。

在尤里的支持下，女儿平稳地进步着。作为父亲，尤里在莎拉波娃的比赛精神与情绪方面的确发挥了巨大的作用。随着莎拉波娃职业的发展，尤里对教练的期待变得越来越高。为了让女儿取得进步，他一直都很尊重训练团队的意见，但是他觉得有必要控制训练的方方面面以保证训练效果。最后，他只好带女儿去见其他教练，这么做既是为了提升女儿的竞技水平，也是为了借此获得更多的训练掌控权。尤里也确实为此做出了让步。但是，他对莎拉波娃的训练以及生活各个方面的掌控欲过于强烈，以至伤害了父女关系。最后，莎拉波娃想要获得更多的自由，而尤里又不愿意放手。于是，父女之间的关系就这样破裂了。

还有许多关于著名运动员父母的故事，它们都极具启发性。我所见过的最牢靠的亲子关系是塞莱斯和她的父亲卡罗利之间的父女关系。他们父女俩交流的内容与时机都很恰当。卡罗利既知道何时回避从而让团队的其他成员主导训练，也知道何时站出来用自己独有的方式来指导女儿。卡罗利自己就是奥林匹克运动员，所以他十分了解与认可我使用的阶段性训练方法。他切实地执行着我们制订的训练计划，既能严格地遵循训练计划，又能随机应变。在塞莱斯训练早期，他深入地参与了许多比赛技能提升方式的决策，比如让她专注于维持下半身的力量以稳定身体的底盘、避免受伤等。之后，随着女儿年龄的增长，卡罗利会更多地听取女儿的建议。

这对父女俩能形成这种良好的合作关系，是因为他们先前就达成了一份口头协议，它包含五项规则。我认为在此将这些规则列举出来是极有必要的，它是父母可参考的一份清晰简洁的合约。卡罗利的整套训练理念正来源于此。

一，互相尊重。

二，网球是工作。

三，球场是办公室。

四，不在办公室外谈论网球。

五，塞莱斯运动生涯的主导者是她自己而非卡罗利。

父母必然会在某些方面让孩子失望，也许是无法做出或遵守某些重大的承诺，但是父母应该准备好在重要时刻做出正确的选择。1992年，在美国网球公开赛的四分之一决赛中，阿伦·克里克斯坦对阵吉米·康纳斯。阿伦的父亲克里克斯坦医生及其训练团队的其他成员与我一起在教练席上观看比赛。

这场非常重要的比赛在之后的许多年里被不断地重播。当时，二十四岁的阿伦在国际职业网球联合会中位列前十。康纳斯参加比赛的当天正是他三十九岁的生日，而且他的排名也比阿伦靠后很多，仅位列前一百名。他是一名深受爱戴的球员，尽管他在四年之后才会退役，但包括他自己在内的所有人都知道他正在走下坡路。

在第五盘比赛中，阿伦以五比二暂时领先。这时，康纳斯设法赢得了不可思议的一分，局势由此开始逆转。看到这个年长对手十五岁、不被看好的球员扭转局势时，观众异常兴奋，开始为康纳斯欢呼。那一天，观众前后反应的差异尤为明显。

观众的热情让康纳斯倍受鼓舞，这让阿伦感受到了巨大的压力。此前，阿伦自信满满，而现在却不得不全力以赴以结束比赛，否则当康纳斯反败为胜时，他便会颜面扫地。但是阿伦太焦虑了，他开始决策失误、发球失误，以至失去了自制力。阿伦每失误一次，康纳斯的自信心就会增多一点。在渴望看到他逆风翻盘的观众面前，康纳斯也由此变得更加勇敢。

教练席上，克里克斯坦医生十分恼火。儿子每搞砸一次，他的怒火就会燃烧得更猛烈一些。他压着嗓子指出了儿子的每一次失误，恳请儿子调整好状态。最后，他还发誓说如果儿子输掉了这场比赛，他便不会再支持他继续做运动员，之后会送他去上大学，让他用奖学金去打球，学习他自己真正擅长的专业。克里克斯坦医生变得更加沮丧了，我从没见过像他这样无法控制自己情绪的家长。而在球场上，阿伦再也没能重整旗鼓，结果康纳斯赢得了这场比赛。

比赛结束之后，阿伦不得不面对自己的父亲。此时，我以为克里克斯坦医生会狠狠地训斥他，让他再次蒙羞，要他别打网球了。但令我惊奇的是，克里克斯坦医生竟将一只手放在儿子的肩上安慰他说："这场比赛很有意义，它告诉我们以后要避免这种情况的发生。"他还询问儿子从这场比赛中学到了什么，然后他们边走边谈论着竞赛的策略，既谦卑又激动。克里克斯坦医生这次控制住了自己的情绪，在儿子的需要面前，他克制住了自己不理智的反应。由此，他们父子俩走出了困境，也变得更加强大了。不为人知的是，阿伦在败给康纳斯之后，又在大满贯赛事开局落后两盘的情况下十次反败为胜，追平了公开赛时代的纪录。父亲镇静沉着的反应对阿伦之后的运动生涯产生了巨大的影响。

对天赋型的孩子而言，父母做其事业的支持者是极具挑战的。例如，体育运动的严格性就带来了一个十分特殊的挑战，身体发育往往掩盖了需要在早期建立的关系要素，使得孩子失去了某些成长的可能性。失败和成功对所有人而言，都不是一种恒定不变的状态，它们彼此更替、随时变化。由此，人们也能不断地探寻新的目标。父母要做好内在工作，权衡每一次选择，思考自己的行为与态度给亲子关系带来了何种影响。父母绝不能畏惧失败，只有通过不断地试错，才能找到支持孩子事业发展的最佳方式，才能为满足孩子的需要而继续努力。

第二节

好教练的核心原则是牺牲

开门见山地说,牺牲是做一名优秀教练的核心原则。这在诸多方面都有所体现,但是不管怎样,成为优秀教练的第一步是明白运动员的成功完全得益于你对工作的付出。

这种说法对某些人而言可能会有点难以理解,尤其是那些初出茅庐又迫切地想要培养出世界知名运动员的年轻教练。若教练无法理解这种关联,他们就只会限制自己和运动员。教练为运动员提供了重要且独特的视角。即便如此,教练也只是对运动员的训练进行引导。教练对运动员的比赛指引是至关重要的,但是这些指引应该以运动员而非教练自己为中心。这也就意味着教练要承担失败的责任。作为训练团队的代表,教练承受所有的压力却领不到一丝功劳。简而言之,运动员获胜是因为他们本身就很优秀,运动员失败则是因为教练的指导水平太低。

教练绝不是该领域里专业知识最渊博的人。最优秀的教练总会毫不停歇地阅读书籍、听讲座、参加会议，或汲取其他教练提供的建议与信息。为人谦逊才能做到这一点，如果教练对自己的所知（或者更确切地说，是你认为自己充分了解的事物）过分自信，会对自己和运动员的进步产生不利的影响。教练成长与学习的唯一途径是以前人的经验教训为基础，不断地提升自我，在引导运动员成长与学习时也是如此。一定要尊重前辈，尊重那些比你更有成就、更有名气的人，在体育运动界尤其如此。

父母可以为孩子做的最重要的决定，就是为他们选择一个合适的教练。再优秀、再有经验的教练都要相信孩子的天赋与潜能。否则，这种关系将毫无作用。教练有责任与运动员建立特殊的联系和真正的信任纽带，关注运动员在体育训练与生活中的智识、行为、实践、信仰、价值观及感受。再说一次，教练若不能全力以赴地和学员合作，拥有再多的经验和能力也毫无意义。

最高效的教练一开始就能摸清学员的目标与志向，向学员解释清楚教练的指导能让他们收获、得到什么，以响应学员的期待。沟通是关键，为同一个目标共同努力时，教练应该引导运动员进行自主学习；另外，他们要彼此信任。高效教练的关注点也有所不同：年轻运动员的教练关注未来，而职业运动员的教练则关注当前的结果。

简而言之，为自己邀功请赏的教练是不可能有所成就的。正如前文所言，最优秀的教练既谦卑又乐于奉献，他们躲在聚光灯之外，让其他人发光发亮。基于运动员的最佳利益来指导训练的教练，不会在乎他人对自己的看法。他们致力于培养冠军，帮助运动员实现伟大目标。在这一点上，教练和运动员非常相似。

为了使训练效果最大化，教练需要理解技术指导与教学之间的区别。教练的职责不是告诉学生不应该做什么，而是告诉他们如何去做，后者是一个更加主动的过程。教练不仅要教授技能与知识，还要负责指导他们的整个实践过程，在体育训练与日常生活中均是如此。如果不能正确地传授与应用知识，那么世上的所有知识将变得了无意义。因此，教练的职责是引导运动员向内探求，鼓励他们自省与自主而不是盲目地听取一些武断的外界命令。教练往往会采取苏格拉底式提问方式，来引导、检验、改变运动员内心的设想与观点：你为什么做出那个决定？这个决定是正确的吗？你学到了什么？你做对了什么？你如何能够做得更好？

同样地，教练在运动员的生活中也发挥着独特的作用：运动员对教练没有对父母那种情感依恋，但父母也没有教练所具备的那种威严（理想情况下）。因此，教练能够从另一个角度来引导运动员梳理内心的挣扎与纠结情绪，帮助他们进一步提高竞技水平与比赛成绩。

乍一看，教练职责的另一面会有点适得其反。当运动员向伟大目标努力前进时，他们会获得一定的成长与进步，此时教练的训练方式便不再适合运动员的需要。运动员的技能水平会随时改变，他们所需要的训练指导也应有所改变。如果教练的训练工作做得到位，那么他们所指导的运动员必定也能有所进步，直至不再适应、需要教练的指导。而这正是教练追求的目标。

基于最后一个要点，我们可以推断，并非只有父母要了解何时让运动员离开教练，哪怕这意味着运动员会彻底地放弃职业比赛。我曾与一名巴西选手合作了好长一段时间，他当时位列世界青少年第三十名。他十八岁时，我们俩就针对他的未来进行了一次深入又持久的交谈。那时，他才拿到在哈佛大学打球的奖学金。他很想打职业网球，但是我们俩都明白进哈佛是一个千载难逢的好机会，一定得抓住机会。最后，他离开了我，但我为他的离开而感到万分欣慰，因为我知道进哈佛于他而言是一个绝佳的选择。

做教练与领袖要懂的另一个道理是：他人对我们的信任是一种馈赠，他人对我们的尊重需要我们自己争取。人们通常会误解这一点，那些缺乏经验的人尤其如此。除了要对运动员实现目标的能力深信不疑，教练还要用实际行动证明自己的价值与能力，向运动员展示自己为什么有资格指导他们的训练、为什么能与他们建立这种合作关系。这是一种谈判，也是在交换意见：教练必须努力与运动员建立一种相互尊重、真挚友爱的合作关系。让运动员感到畏惧、在他们面前展现权威、强迫运动员顺从自己等做法，在训练初期也许很奏效，但很快便会侵蚀教练想要长期维持的这种合作关系，因为运动员对教练的这种尊重是教练要求的。

高质量的训练工作需要教练做出牺牲，尤其当他们不想这样做时。我和学员的日程从早上六点开始，直到深夜才结束，一周七天皆是如此。因为忙于训练，我错过了许多饭局、旅行，还有和与家人在一起的节日庆典。这种牺牲不足为奇：这是我工作安排当中十分正常且自然的一部分，我的家人已经习以为常了。基于这样的付出，教练与运动员之间才能建立一种深厚的信任。

然而，教练为学员奉献与努力时，仍然需要有所权衡和考量。当训练多名运动员时，教练对他们的付出和投入不能有所偏袒，否则就会挑拨他们之间的关系，损害他们的精神意志。

举例而言，1991 年，阿加西和吉姆·考瑞尔在法国网球公开赛决赛中对决时，我决定去香榭丽舍大街通过电视观看这场比赛，而不是去球场观赛。在我为什么要对学员展现出一致的支持与关注这点上，尼克·波利泰尼一直都无法理解。其实尼克心里非常欣赏考瑞尔，却坐在阿加西的教练席上观赛。考瑞尔看到尼克坐在对手的教练席上时，无比失落。虽然他当时赢得了比赛，但是不久之后就离开了学院。然而，尼克并未从中汲取教训。为了夺回国际男子职业网球协会排名第一的位置，鲍里斯·贝克尔来到我们学院参加训练。尽管尼克与贝克尔之前并不熟悉，他那时却停下手头所有的工作，包括训练阿加西，而专门去指导贝克尔。当然，阿加西因此也十分恼怒。之后的几年，阿加西一直都没有和尼克说话。显而易见，教练如果想要与运动员之间建立一种牢固可靠的关系，就不要像尼克这样做。

这就引出了教练工作中比较乏味和无趣的一面，即教练需要管理运动员团队中的其他成员。关于授权的重要性，后文会展开更加细致的讨论。但是，此处想说明的是，管理团队成员是教练工作的一个重要部分。教练需要确保团队中的每个人都满意，这样才能让整个团队正常运作。有时，这也意味着教练要时刻关注那些在球场中失意的运动员，说服他们为了自己的运动事业回到训练团队中来；另外，教练还要承担调停团队中人际冲突的职责，让事情都回归正轨。与各式各样的人打交道时，教练必须在多种角色之间切换自如。与此同时，教练所做的每一个决定都应当立足于为运动员谋求最大的利益。

教练工作的重心是付出与投入，他们需要尽心尽力地引导学员为未来的一切做好准备。但是，这也意味着教练要掐准回避的时机，让运动员为自己的行为担责，分辨自己做事的时机与方式。教练只能在一定范围内给他们提供帮助，而且拿捏分寸很难，但也值得。

我们团队里有一名教练最擅长拿捏分寸：懂得何时出面，何时回避。在一次美国网球公开赛期间，他在教练席上指挥比赛。他的学员快输了，看着也十分沮丧，最终崩溃了，便对他大喊道："你倒是说句话呀！"这位教练面对学员的怒火显得十分冷静，他告诉学员大角度发球后要向网前移动。学员照做了，起初有点成效，但更多的非受迫性失误又压制了学员刚刚在赛场上长起来的势头，以至丢失了更多的分数，学员又对教练发火了："现在你可以闭嘴了！"但是，教练不为所动。因为他知道自己的战术是正确的，所以当他的学员继续发火时，他只是坐在教练席上气定神闲地微笑着，想着他的学员很显然是被紧张冲昏了头脑。

电视转播了这场比赛，有很多观众批评这名教练的做法。这名教练难道不在乎别人如何对待他吗？他到底在神气些什么？但是，听到这些评价之后，这名教练依然坚持自己的立场，不肯退步。他对外界的看法不屑一顾，因为他知道这是他与球员之间的事情。这就是教练必须做出的另一种牺牲：要做那些对运动员最有利却不被众人认同的事情。

同样地，另外一点需要教练拿捏分寸：教练过分关注自己的形象，会损害运动员的自我认知，哪怕教练的本意是好的。年轻教练经常会犯这种错误，我也不例外。有一次，在职业网球联合会巡回赛期间，我正在陪学员热身。当时我还很年轻，也还在打网球，甚至还会打分盘比赛。热身结束之后，另一个运动员向我走来，请我帮他热身，我欣然同意了。当时，由于缺少训练指导经验，我只将关注点放在自己身上，丝毫没有意识到这名运动员正处在运动生涯的怀疑时刻。他让我陪他多打几分，之后我接连获胜，轻松地赢了许多球。

圭勒莫·维拉斯和伊翁·提里亚克正在旁边的球场上一起训练着。伊翁是圭勒莫的教练，可能也是世上最优秀的教练。伊翁看到我和球员在打热身赛，便走过来问我是谁，问我是球员还是教练。我向他介绍了自己，说我是一名教练，还说能见到他是我的荣幸。随后，我伸出手准备和他握手致意，他却没有回应我，只是紧紧地盯着我。接下来，他对我说的话令我此生难忘。他说，如果我真的是一名教练，那我的训练水平真是太差劲了，我根本不清楚自己在做些什么，我将训练工作本末倒置了。"要知道球场上的围观群众都是来看这名运动员而不是你这个教练的。你的职责是为球员树立信心。醒醒吧！"我还来不及回答他，他就转身走开了。

话虽然刺耳，但也在理。当时，我几乎没有理解教练工作的真正含义,更谈不上为这份工作付出了。实际上,我的不当行为加重了那名年轻球员的自我怀疑,致使他最后输掉了那场比赛。不管怎样,这是我迫切需要的一次现实冲击,也是我整个职业生涯中最具决定性意义的时刻之一。

训练工作并不简单,其方方面面都对运动员的成功至关重要。做一名优秀的教练并不是一蹴而就的,与运动员的成长一样,教练也需要不断地成长,逐渐学到一系列技能与经验,磨炼自己的直觉力。我们的目的不是成为一名完美的教练,而是成为运动员最需要的教练以及最好的自己。

第三节
团队的共同职责

　　非洲有一句著名的谚语:"举全家之力养育一个孩子。"也就是说,养育一个孩子不是一个人或一个家庭的责任,而是特定社群中所有成员共同的职责。这种育儿观念似乎有些过时了。如今,许多地方尤其是美国,都强调维持紧密的家庭关系。但是,以上观点仍具有很强的现实意义,在顶尖体育领域尤其如此。

　　让我们回忆一下本书前言提及的人们对盖世之才的普遍看法。多数人都认为体育明星、大作家和著名艺术家都是天造之才,他们生来就是如此地与众不同。当艺术家只是独自闪耀,而不属于任何乐队或团体时,人们尤其觉得如此。他们看到某个人在唱歌、表演或击球时,就会推测他的成功都是由他一人创造的。

　　正如我们先前证实的那样,以上观点完全不正确。人们往往不清楚这些观点有多不准确，在网球和其他顶尖单人体育领域中尤其如此，哪怕是那些自称行家的人。以锦织圭为例，除了他的家庭，锦织圭的训练团队还包括赞助商、赞助商的联络人、经纪人、翻译、总教练、多个击球搭档、力量教练、体能教练、人体运动学家、心理学家、学校顾问、数名教师、演讲教练、旅行专家和营养学家。这些人齐心协力地帮助锦织圭在体育竞技与运动生涯中发挥最大潜力。为了锦织圭的利益，他们彼此适应、共同合作、相互制衡。仅是这样一个运动员的训练团队就已经如此壮大了，更不必说像阿加西、老虎伍兹或尤塞恩·博尔特那样更高水平的运动员了。

运动员的同辈是团队中另一类极其重要但常常被遗忘的成员，他们是和运动员竞争的同伴。运动员与同辈相互竞争、一起训练，共同提升竞技水平。训练与比赛一样，不是一项单人活动。运动员需要对手，需要与人竞争，从而完成训练。这种相互竞争、共同进步的同伴关系发展成终身友谊的例子，在我们学院比比皆是。这就是建立相互尊重、相互支持的团体如此重要的原因，哪怕这是一个由互相竞争的运动员构成的团体。

例如，某些著名且极具竞争力的培训机构拥有世界上最知名的运动员和顶尖教练。但是事实证明，这些并不重要。这些机构的教练团的确很有实力，但是他们既无集体意识，也不注重行动的连续性，还会做出一些自相矛盾或错误的指示，甚至会在背后说同僚的坏话、无视彼此。这些机构里的学员异常困惑，因为在这种训练环境中，他们根本不知道该遵循谁的指令或该做些什么。

这类运作不良、充满敌意的团队给予我们许多经验教训。首先，团队全体成员必须就协同工作的系统与方法达成一致，明白他们每个人对团队而言都同样重要。这样整个团队才能为共同的目标一起努力。其次，父母要了解这种恶劣环境是客观存在的，可能不利于孩子的进步。

每日训练之前，团队要花15～30分钟的时间召开例行会议，这是一项极其重要的举措。团队成员可以先闲聊一会儿，开开玩笑活跃一下气氛，增进彼此的了解，然后再谈正事，包括当天的训练目标、需要及时关注的事项、运动员表现良好的地方以及有待完善的事情。父母、教练与运动员要迅速地建立一种充满活力且亲密的合作关系。每日十几分钟的例行会议能为团队成员营造一种稳定和谐的工作环境。

教育年轻学员时，我经常会使用一捆棍子的经典视觉隐喻。我会把学员带到室外，吩咐他们先找到一根棍子，然后再把这根棍子折断。这个任务很简单，对吧？然后我又会让他们去收集一大捆棍子，一捆可能有十一二根，叫他们想办法折断它们。尽管他们找来的棍子只是一些小树枝，但是这些小树枝捆在一起之后，就不可能被折断了。显而易见，这个事例的启示是：

人多力量大，柴多火焰高。

另一个更微妙、更模糊的思考方式也能阐释这一原则。葡萄牙僧帽水母是一种美丽的水生生物，它是我最喜欢的动物之一。僧帽水母的外形与行为方式都很像水母，其蜇人的触手从漂浮的顶部垂落下来。严格地说，僧帽水母属于生物学家所说的管水母目动物或群体生物。这意味着它是由四种不同基因的生物历经一段时间的结合与适应，最终形成的一种更大的生物。僧帽水母各个部位发挥的作用均不相同，这种生物不能独自生存，进化之后的僧帽水母只能以一种合作的方式生存。在这种共生关系中，第一种生物是浮顶，这是一种带鳍的气泡状小膜（有尖刺，让人联想到船帆，僧帽水母的外号"葡萄牙战舰"就是由此而来）。僧帽水母不会游泳，但是浮顶上的鳍可以转动，从而利用海浪和风向让身体移动。第二种生物相当于僧帽水母的消化系统，为其他部位提供营养。第三种生物负责繁殖，其实际功能取决于性别。第四种生物控制着僧帽水母的触手，它四处浮动时会将这种生物拖在身后。触手可伸长到 50 米左右，以各种鱼类为食。

这些奇异的生物知识，很显然是想说明：在追求卓越、理想、才华、世界第一的运动界，我们只有齐心协力，才能实现整个团队的梦想。团队合作不仅是为了维持生存，也是为了有所成就。团队里的每一个成员都在运动员的生活与职业生涯中占据着一席之地，都发挥着某种重要的作用。一个真正的团队领导会和团队成员合作，搞清楚实现团队目标的最佳途径，努力在团队中营造一种紧密联系的氛围。

团队成员之间的联系不应拘泥于严格的工作关系。训练顶尖运动员的关键是要懂得奉献。这意味着我们与同事之间要建立一种类似家人的关系。实际上，如果你对待工作尽心尽力，同事自然而然地就会把你当作家人。此时，举这个例子再恰当不过了：某名年轻的哥伦比亚教练是安娜·库尔尼科娃训练团队的核心成员，库尔尼科娃在球场上获得的诸多成就主要得益于他的支持。担任库尔尼科娃的主要陪练多年之后，他不幸患上了肌萎缩侧索硬化。他因此丧失了所有的身体活动能力，但是头脑依旧清醒。当他发现自己需要回国接受治疗、与家人团聚时，他正暂住在学院的一间公寓里。当时的身体状况不允许这名教练乘坐商务航班，因此他那时非常需要一架私人飞机。了解到这些情况之后，库尔尼科娃毫不犹豫地为教练支付了回家的机票以及其他所有安顿费用。没有人要求库尔尼科娃这样做，她做出这一举动时没有任何顾虑。库尔尼科娃如此行动的原因之一是她心地善良，但是更为重要的原因也许是她把教练当作家人，她认为教练是与她联系最紧密的人。其实，学员与教练之间保持这种紧密联系的情况并不少见。

接下来的故事能给予我们诸多启迪。十五岁时，母亲带我参加了世界教练大会。当时，世界上最优秀的教练会聚一堂，一起来听母亲的演讲。我由此对体育界的教练领域有了一些了解。这些教练提及自己的学员时，总会使用"我的"这样的词语，我对此困惑不已。教练表现出了一种不必要的占有欲，就好像他们要拥有自己的学员一样。我问母亲为何教练要这样做，母亲从不会错过任何一个教育我的时机，她让我到每一个知名教练的座席前去亲自问。我从来就不是一个胆小或害羞的人，于是我就按照母亲的指示去做了。这些教练众口一词，给出的答案都和家庭相关：教练在学员和同事身上投入许多的时间，并不是为了占有他们，而只是一种奉献。教练全身心地投入这项事业，他们在工作上花的时间比孩子还要多。这让我明白奉献就是追寻伟大的代价，教练与学员之间建立这种亲密的联系是做好教练工作的基础。

我们已经讨论了运动员训练团队，以及团队成员之间建立紧密联系的重要性。但是，人们经常忽略的一点是：为了让所有的顶尖人才得到充分的发展，我们需要营造与维持一种整体氛围。人们之间的联系只是这种氛围的一部分，并非全部。

我们若能回顾一下历史上伟大的艺术家开展的运动，就会发现有许多艺术家参与同一个团体，这个团体与其他艺术家也都有着紧密的联系，这便为他们营造了一种易于成就辉煌的创造环境。比如哈莱姆文艺复兴时期的兰斯顿·休斯、佐拉·尼尔·赫斯顿和路易斯·阿姆斯特朗；意大利文艺复兴时期的拉斐尔、达·芬奇和米开朗琪罗；法国新浪潮电影运动时期的弗朗索瓦·特吕弗、让-吕克·戈达尔和埃里克·侯麦等。之后的历史学家并不是为了牵强地说明历史事件之间的关联性而将这些艺术家随意地编排到一起，这些艺术家彼此相识，在个人生活与工作中都有着紧密的联系，进而才得以创造辉煌。

人与人之间的这种联系并不是凭空而来的。有一个主要的共享空间是营造这种抽象的创作环境的另一个重要因素。佛罗伦萨、巴黎以及哈莱姆区很显然就是创造性环境，而共享空间对构建创造性环境意义重大。人与人之间的联系不仅能激发社群意识和对卓越的共同追求，也能刺激与影响周围广阔地区的发展。文化网络就是如此构建起来的。

我们可以超越个人的范畴来思考这个问题：建立联结会给任何特定的地方注入某一领域的顶尖资源，进而影响未来的行业和人才。好莱坞与电影、硅谷与科技公司、多米尼加共和国的博卡奇卡与棒球、佛罗里达州与网球：这些地方总和这些领域有着或多或少的联系，因为人们总能够在那找到一些相关的机会。只有一个"场景"是远远不够的，任何城市都可以有一个当地的场景、一个特定区域的小热点。每一个地区甚至可能会孕育一两个当地的传奇人物。更确切地说，这是为了建立一个更广泛的人才观，让你成为精英的代名词。

这就引出了人们建立社群时常忽略的一个基本事实：并非人人皆有造就这种成功所需要的资源。后文在谈及这些原则的商业作用时，将对此进行更多的讨论。但是现在，我们要理解：天赋是一粒种子，需要精心地培育才能逐渐生长发芽。而充足的资金和其他资源必定是发掘与实现天赋的关键。若没有足球界大咖的远见卓识和环境支持，世界上最富有才华的运动员也将一事无成。

大多数最优秀的运动员都需要伯乐去发掘和招募，这意味着那些想尽力帮助孩子实现冠军梦的父母必须选择顶尖的训练学院和训练营。而这些训练学院和训练营也应该想方设法地吸引顶尖的人才来维持自己的名气。于父母而言，这似乎有点像先有鸡还是先有蛋这一悖论，即孩子需要天赋才能获得天赋。但是这远没有听上去那样严重，至少资金困难之外皆是如此：父母认真仔细地调研，无私地奉献，为孩子提供适当的支持，孩子的才华就在这些资源的加持之下得到发展。

这也是各个大学的艺术家与作家能获得各种奖学金、驻留计划和项目背后的原则。说到底，只有经常沉浸在这种环境中，即周围的人有自己的抱负，也了解你的野心，还了解这个行业的来龙去脉，乐意与你一起学习和探究其中的细枝末节，你才能在该领域取得一定的成就。在这种独特的环境中，只有与周围的人和资源都建立了深厚的联系，你才能收获一定的成长。

实质上，许多高水平训练机构与农场队伍或者实践小组的运作方式一样，即年轻运动员能够与高水平运动员和教练合作，由他们指导训练，进而收获一些全新的知识与体验。这也揭示了这种社群的另外一面，即这种社群是由人建立的，但也关乎人本身。有两种因素促使这些关系成就伟大：某地特定的资源与环境；那里的人才。裙带关系在许多领域都是一个难解决的问题，因为人归根结底是社群中最重要的组成部分。

世界各地都有这种社群，但只有最优秀、最开放的社群才能将富有才华的运动员培养成冠军。任何领域中有才能的年轻人要想取得成功，必须具备这些资源、关系，了解与遵循其中蕴含的一些原则。父母的职责就是与教练和孩子支持系统中的其他成员一起，找到最适合孩子的社群。

第四节
投资与回报

不可否认的一个事实是，追求精英层面的成功势必会给孩子及其家庭增添一些经济上的负担，尤其在职业生涯初期。每个行业，如音乐、文学、艺术或体育等，都各不相同。我们需要分辨金钱在各个行业后起之秀的成功中都发挥着哪些微妙的作用。当然，这一节将主要讨论网球运动中的一些相关问题。关于孩子的未来，父母必须了解的第一项原则是：做好调研。与调研当地最好的训练营、训练学院一样，父母不仅需要了解赞助的方式，还要理解赞助对孩子的未来为何如此重要，无论孩子投身于哪一个领域皆应如此。父母先提出问题，然后通过主动参与来了解这个行业。

我们首先要了解金钱资助的大致时间线。通常而言，运动员十二三岁时才有机会进行交易、签署合同。这包含多方面的原因。一个原因是运动员最易于在职业生涯早期产生职业倦怠或选择退出，这就意味着无论运动员初期看起来多有前途，此时在他们身上进行投资都是不利的，因为青春期不可避免地会有一些变数。我们需要时刻追踪运动员的运动能力，解读他们的训练模式与成长趋势，以便做出正确的投资决定。归根结底，任何一种赞助都是基于运动员当前的能力与潜能对其未来发展的投资。这就引出了父母需要尽早开始调研的另一个重要原因，即父母需要用知识武装自己，这样才能在掌管孩子财务的时候达成最佳交易。

运动员在职业生涯的这一阶段获得的第一轮经济援助是训练奖学金，它是数额相对较小的一笔资金。顾名思义，这笔资金的用途是支付训练费用。另外，用它购买训练装备时还能享受大幅度的折扣。不过，这笔奖学金不能用于资助学校教育或提供其他援助。从诸多方面来讲，这一阶段最依赖运动员的原始技能，因为这些资助将帮助运动员进入职业生涯的下一个稳定期。基于此，运动员进入下一个阶段的过程将会变得越来越容易，职业生涯的后一个阶段与前一个阶段的联系将会更加紧密，而与初始阶段的联系将会更小。

大约十五岁时，运动员便开始与某些制造商进行小额交易。交易金额大致是五万美元，外加该制造商的一些独家运动设备。不熟悉体育行业的人可能会认为这是一大笔钱，但从长远来看，这实质上只是一项启动资金。一般而言，在职业生涯的这一阶段，也就是十三到十七岁，运动员不应仅仅在青少年排名赛中占据高位，还应该开始涉足挑战赛，从而为职业赛事做准备。这笔钱并不足以维持生计，尤其当需要支付各类职业赛事的旅行费用时。

在这一阶段，每名巡回赛运动员每周的生活费用平均为两千美元，这只是一个非常粗略的估值。这些巡回赛运动员每年有十周的时间（也是平均数）都在参加比赛，大多数运动员都是靠资助承担这些费用。尼克·波利泰尼作为史上最伟大的教练之一被载入史册。他做出的最大贡献之一就是和自己的富人朋友一起筹集资金，来资助有前途的年轻运动员。这些捐赠者都非常富有，也十分热爱体育，他们都希望年轻运动员能成为下一代超级巨星。不幸的是，愿意为少数特定的运动员提供资金支持与关注的人，却是少之又少。

在此，做好调研与了解准确的行业知识，很有必要。这不仅因为父母需要了解美国大学体育学会提出的关于确保资助合法性的指导方针，还因为他们作为监护人要负责运动员在十八岁之前的财务决策与法律合同的签订。如此一来，监护人对经济资助的迫切需求往往会导致孩子丧失耐心，最终便会毁掉孩子的未来。运动员与父母都必须做出明智的选择，尤其当许多选择面临着巨大风险时。

例如，我建议父母决不要签署以运动员未来的收入作为交换条件的任何资助协议。这似乎是显而易见的，但是我见过许多父母还是因为缺乏耐心而签署了这类协议，最终便彻底地破坏了这些伟大运动员的资金环境。大多数运动员都没有机会发表自己的意见。简而言之，我们永远都不知道未来会发生什么，因此我们也无法对运动员在某一过渡阶段的表现做出保证。另外，基于运动员未来表现的资助会转变为贷款：运动员一开始挣钱，便要依据双方先前约定的百分比来向赞助者支付费用，它们几乎覆盖与体育相关的各种收入，如奖金、展会出场费、代言费等。若赞助商在一定时间内未收到还款，便有权要求运动员用自己的钱来偿还欠款，而且这些欠款往往是高息的。如果运动员的工资一开始就不足以用来偿还贷款，那么几乎可以肯定的是，一旦违约，他们也必定偿还不起这些欠款。这一处境十分可怕，不值得用一时的解脱来进行交换。这正是我一直不建议用个人财务进行贷款担保的原因。

国际管理集团的创始人马克·麦考马克是一个有远见卓识的人，他看到了日益普及的电视广播中潜在的代言机会。马克是一名律师、经纪人和作家。2003 年去世之前，马克与不计其数的运动员都有过合作，他让这些运动员都得到了应有的代理机会。国际管理集团买下青训学院之后，我与他有过多次合作。签署各种法律协议时，马克每次都会用他的各种经商哲学来提醒我。他总是说有一些交易与握手一样简单，而另一些交易则要难得多，需要我们付出更多的时间和耐心。一个精明且成功的商人，不仅要有经商头脑，更要有耐心，懂得何时全力出击，何时暂缓一步以更换策略。我希望父母在面对孩子的财务未来时也要拥有这种心态。父母掌握着一切，负责签订合同和做出重大决定，因此也要克制冲动，采取逻辑思维，仔细权衡。

值得注意的是，网球、高尔夫、游泳或体操等单人运动有着独特的发展轨道，不同于职业篮球或橄榄球。运动员不能一边进入大学学习，一边追求自己的专业运动道路，这两条路是完全分开的。因而，这又是父母与运动员必须做出的另一个抉择。在单人运动中，决定为大学效力的运动员若想继续追求职业运动道路，将比高中毕业后就转入专业队的运动员花费更长的时间。但是现在，这些运动员仍有机会赢得名声与财富。美国大学体育学会规定这两条道路是完全分开的，但是年轻运动员通常可以收到十分充足的经济援助，包括教育和食宿援助。越来越多的运动员选择先上大学，之后再转型成为一名职业选手，这一计划非常值得推荐。

国际管理集团有一个关于老虎伍兹是如何完成第一次签约的经典故事。1996 年，老虎伍兹接连赢了十八场比赛，之后便成为无可争辩的最佳业余选手，那时他正想成为一名职业选手。老虎伍兹的父亲厄尔当时负责处理其职业生涯的方方面面，并和国际管理集团的经纪人与高管见了一面，就签约事项展开了讨论。他们聚集在纽约，国际管理集团为了赢得厄尔的认可，还特意为他准备了顶级的演讲。他们详尽地解释了提议中的每一个方面：老虎伍兹的经纪人是他的代言人，只为他一人工作。市场营销专家又声称，像耐克这样的品牌极有可能会找伍兹做宣传。然后，公司的商务经理又向厄尔详细介绍了如何建立一个优质品牌直至最终创造一个商业帝国。随着老虎伍兹越来越优秀，这一商业模式的受欢迎程度与营利能力也越来越大。

尽管如此，老虎伍兹的父亲依然在演讲开始没多久就睡着了。那时，没有人敢叫醒他，人们担心这一举动会冒犯他，从而丢了这单生意。所以，演讲者在大部分时间里面对的是一个昏睡不醒的观众。演讲结束之后，厄尔终于醒过来了，他只问了一句："我们什么时候开始？"然后他揉了揉那惺忪的睡眼，强打起精神来。虽然这个故事很滑稽，但是对于潜在的商业伙伴关系及其对你和家人造成的影响，你应当时刻保持警觉与专注，尤其当你知道自己的孩子是像老虎伍兹这样千年难遇的杰出天才时。这时你需要更加小心谨慎，思虑更加周全。这就是厄尔提前了解演讲内容的原因。

金钱当然是父母与孩子做抉择时必须考虑的一个极其重要的因素，但是他们不应只考虑这一个因素。最重要的是，孩子掌握的技能与拥有的关系比支票上的任何一个零都更有价值。我想说明的这一点是非常实用的：与公司或其他管理团队签订合同，通常会给你带来更广泛的职业发展，包括获得赛事外卡或在团队体育项目中与一支优秀的团队建立联系，这些都能促进运动员职业生涯的发展，特别是当运动员的家庭较为富裕、有财力支付早期职业生涯的费用时。在这种情形下，这些运动员最重要的事情就是进入一流的学院学习，得到一个有助于充分发挥潜力的训练计划。当然，并不是每个人都会遇到这样的处境。关键在于明白金钱不是保障运动员职业生涯的唯一要素，父母需要有更广阔的视野。

总而言之，最重要的是提升和保持运动员的竞技水平。锦织圭十七岁刚开始参加挑战赛时，就得到了一份相当诱人的赞助。锦织圭当时已经与威尔胜球拍公司签订了一个小额的长期合同，一年有五万美元的收入外加运动装备。王子公司是一家与威尔胜球拍公司进行竞争的球拍制造商，王子公司的一名发言人表示，公司愿意每年为锦织圭提供一百万美元的资助，让他考虑使用这一品牌。

实际上，这些球拍的质量并无好坏之分，只是某些运动员有自己的偏好和习惯。更换运动装备是一件很困难的事情，尤其当你在整个网球训练阶段都固定使用某种球拍时。我们在球场上设定了各种各样的穿线机，球场边线上的每一寸都摆满了形状、尺寸各异的球拍。这些球拍是由不同材料、不同松紧程度的网线串接起来的。锦织圭持续不断地击球，用几十种不同的球拍练习得分、打比赛。他不断地试验，收集数据。

次日，锦织圭来到我的办公室，对我说他不知道该如何是好，他为此感到左右为难。新球拍也都还能用，但都不是很顺手，也不是特别糟糕。他说可以去适应这些球拍，并且这次的报酬是他目前薪水的二十倍，他不想拒绝这个机会。我对他说网球是他的事业，他应当绝对谨慎与严肃地对待网球。当然，最终还是由他来做决定，但是我建议他不要为了钱而放弃未来的种种可能。最好的结果是：他输掉一连串的比赛之后，可能会重新适应新球拍、重新回到他现在的高度。另外，与王子公司签约的话，他当下可以赚一百万美元；但是与威尔胜公司签约的话，他未来的收获胜过好几百万美元。几天之后，锦织圭便拒绝了王子公司的提议，他之后的经历也证明我的建议是正确的。

最后需要考虑的一条建议是针对年轻运动员的：尽管目前与赞助相关的事务可能令你费解又感到陌生，特别是当它涉及抽象的经济问题时，但在职业生涯早期就对这一方面的事务有所了解也很有必要。简而言之，与父母或经纪人相处时，请不要过于顽固或迟钝，因为这些人是真心诚意地在帮助你成为最优秀的运动员。我曾有幸与吉姆·考瑞尔聊天，他对此表现得非常坚决。他说："多年来我学到了一件事，即赞助商是你的合作伙伴，你需要了解他们的兴趣所在，了解他们与你合作的目的所在，你还要尝试着去帮助他们……现在有许多类似的事例，有些运动员在合作伙伴的身上投入了大量的时间，以确保从这些合作关系中得到他们想要的东西以及互惠互利……与合作伙伴建立一种互利共生的关系，的确可以让你获益良多，也能帮助你实现自己的目标……要记住你也需要帮助赞助商，你要从日程中抽出一点时间给他们，让他们把事情办得更好。因为从长远来看，这是有回报的，将会让你们的关系变得更加长久，保证每一个人都是赢家。"

　　父母与孩子在面对有关赞助商的问题时可能会感到沮丧，觉得不好驾驭。但是，与顶尖运动员生活中的其他方面一样，做好调查研究是关键。你们要警醒，不要被贪婪和短期的收益蒙蔽，要保持一种批判的态度，永远做那些对每一个相关人士最有利的事情。

第五节
适销性与商业价值

　　精英体育运动中与赞助关联的另一个要素是运动员的商业价值，特别是代言协议和大众吸引力。很少有人会谈论运动员的商业价值，多数教练书籍与训练指南都认为这是才能或宣传带来的一种意料之中的负面影响。其实并非如此，运动员吸引力的提升与其他技能一样，也需要不断地磨炼与持续地付出努力。运动员的商业价值体现在生活的方方面面，必然体现在竞技能力上，也体现在体育精神、应对采访的技能、公共场合的演讲能力、赛场外的行为表现、对时事的看法以及网络形象上。

　　从诸多方面来讲，运动员的商业价值与运动能力关联不大。人们可能因为某项体育运动而关注你，但是运动员达到顶尖地位的原因绝不限于此。塞雷娜·威廉姆斯是非洲裔美国人的偶像，也是女性力量的象征，那些对网球不感兴趣的人甚至都如此认为。在苏黎世机场，你一下飞机就可以和费德勒的数码形象自拍一张。菲尔普斯不仅是史上最优秀的游泳运动员,还以一种独特的方式代表着这项运动的全貌,多数人甚至只知道菲尔普斯一个人的名字。商业价值不仅会让运动员声名远扬,还能给他们带来经济上的回报:在迈克尔·乔丹21亿美元的财产估值中,只有9000万美元是来自NBA的工资收入。这就是做冠军与做明星的区别。

这种顶尖地位与商业价值密切相关,而商业价值则与影响力相关。运动员比任何人都更容易成名,他们有机会离开体育行业,脱离原本的行业背景而单独存在。体育运动几乎对每一种文化都有影响。即使是不关心体育的人,也会看奥运会,2014年世界杯就有32亿人观看,体育竞赛由此成为史上收视率最高的电视节目。

你根本不需要按部就班地提升市场价值与影响力,因为公众人物的影响力都是一点一滴地积累起来的。运动员和团队实行的策略通常大相径庭,这在很大程度上取决于运动员在赛场内外的习惯与倾向性,和运动员的内心世界有关,前面关于个性的章节已提及这一点。无论从哪种角度出发,运动员绝不能对自身的影响力掉以轻心,绝不能对自己与媒体或其他运动员之间的互动不屑一顾,绝不能错过任何为自己树立公共形象的机会。这便是商业术语的用武之地:许多类似的事例都可以用来强化个人品牌,运动员应当认真地对待它们。这也包括网上的"品牌管理",在 Instagram(照片墙)和 Twitter(推特)这样的平台,每一个举动和错误都会被无限地放大,运动员便能接触到更多的受众,产生更加持久的影响。通常而言,年轻运动员要比教练更懂技术,但是教练可以向他们灌输自尊与尊重他人的观念,让他们将这些思想应用到新的技术领域。

这里真正讨论的是与名声相关的一些问题:作为一名运动员、一位明星、一个人,世界将如何铭记你?认真对待每一个时刻的重要性还在于:比树立一个普普通通的公共形象更糟糕的情况是留下一个坏名声,比如难以共事、仇恨对手、赛场外的行为过于放纵等。"没有负面的宣传"这句经典格言根本就是一个谬误,毫无疑问,成为营销噩梦根本就算不上什么好的营销策略。

先声明一下,此处并非指某种反叛或者朋克效应。虽然这种反传统的审美看似有些违反直觉或讽刺,但是也可能非常受欢迎。我们知道有很多人甚至许多社会运动,都是从这种风格中发展出来的。其实,此处论述的正是约束能力的缺失以及随之而来的名声问题。想一想像林赛·罗韩这样的人,不论她出演了多少深受好评的电影,赚了多少钱,承接了多少项目,或是在电影之外的领域取得了多大的成就,比如她的音乐、服装设计、电视剧、管理和模特事业等,人们最关注的还是林赛·罗韩近几年因吸毒成瘾而几近崩溃的故事,以及她极其难以共事的传闻，这些负面宣传造就了她"天后"般的地位。有诸多因素造成了这种普遍看法（耸人听闻的报道、随着互联网的发展而兴起的模因文化、娱乐圈常见的厌女症等），这种污名会一直伴随着她，以至公众关注她的唯一方式就是讽刺性欣赏。也就是说，我们要认清现实，人们谈论或接触林赛·罗韩只是为了嘲笑她、抨击她，所以她的公共形象也正是以这种形式发挥着作用。这就是为什么2014年会出现《林赛·罗韩：成名的代价》这种官方授权的手机游戏，这款游戏主要是通过卷入越来越荒谬的丑闻来增加粉丝量。

谁都不想陷入这种处境，无论处在事业的高峰还是低谷，你都希望公众站在你这边。当然，每一个受欢迎的人也会被讨厌、被贬低。但是，因嫉妒而生的憎恨只会提升你的形象，而真正的憎恨会损坏你的形象。运动员支持系统中的每一个成员都需要和运动员协调，以尽可能地提升他们的整体形象，而运动员则需要有足够的自我意识来塑造内在与外在形象。对许多运动员而言，这些举措看上去可能都非常类似，但是它们往往来源于运动员独有的、全然不同的情境。例如，玛丽亚·莎拉波娃和锦织圭都是我的学员，二人都需要提升公共演讲能力，以呈现更好的形象。莎拉波娃的问题在于语气不当和理解错误：她试图展现出自信与自我肯定，然而在早期的媒体见面中却总是表现得傲慢而粗鲁。所以，她要学会如何恰当地表达自己。

而锦织圭明白，成为一名网球巨星之前，他必须学会一口流利的英语。所以，锦织圭与莎拉波娃所面对的公共演讲挑战是全然不同的。

总的来说，商业价值是关于识别你作为一名运动员和一个人所具备的优势与劣势，然后再选取一个角度，以此变得更有影响力，获得发挥自身专长的更多机会。安娜·库尔尼科娃也许是网球界最成功的营销案例，这主要是因为她在更广泛的流行文化中占据的地位无关乎她自身的网球技能水平。

安娜·库尔尼科娃的母亲总是在考虑一些关于营销的问题：她知道女儿长大之后会变得很漂亮，所以很早就开始训练库尔尼科娃接受这个事实。十二三岁时，库尔尼科娃就开始穿较为暴露的衣服，这让她在参加职业赛时名声大噪。她的营销手段不限于展示自己的身体样貌，如果明星本人的性格也十分诱人，就会产生一种最佳的营销效果。库尔尼科娃从小就在学习如何与观众互动，如何微笑、调情。她也由此进一步地强化了个人形象，更受粉丝的欢迎。与此同时，她也不会变成一个单调的漫画人物。库尔尼科娃既要应对明星文化的厌女倾向，也要照顾自己的心理健康，还要不断地提升球技，以支撑其团队针对其外表进行的营销。虽然其中的分寸很难掌控，但是她依然可以表现得很好。库尔尼科娃训练时的观众比其他职业选手实际比赛时的观众还要多，她必须学会在不影响训练的情况下应对人们的关注。在其职业生涯巅峰的许多年里，她一直是世界上被谷歌搜索得最多的人之一，尤其是谷歌的图片搜索。

许多人回顾库尔尼科娃十二年的网球生涯后总结：她从来都不是一名优秀的运动员，因为她从未赢得国际女子网球协会单打冠军，她仅在女子单打中位列第八名。但我恰恰以为她比人们想象的要更加优秀。人们轻视她，在很大程度上都是因为文化环境中的厌女症不断地将她物化、性化（2011年娱乐与体育电视网将她列为史上"最性感的女运动员"；而在七年之前，她还在"二十五个最糟糕的体育败类"中位列第十八名，那时她的职业生涯还未结束）。更不必说，与那些经常出现在国际女子网球协会史上的伟大球员相比，任何人都稍显逊色，比如施特菲·格拉芙和塞莱斯。人们常常会忘记库尔尼科娃和玛蒂娜·辛吉斯在女子双打中排名第一、荣获十六次冠军的事迹。然而，这些成就往往都是不容小觑的。

从许多方面来讲，安娜·库尔尼科娃是否擅长网球这一问题，有些无关紧要。因为事实上，成为世界上最优秀的网球运动员，从来都不是库尔尼科娃及其团队的终极目标。网球于她而言就像是一个跳板。尽管资质平平，但她还是成为该运动项目中最多产、最为成功的运动员之一。她靓丽的外表直接给她带来了一些机会，她为《风度》《男人装》《体育画报》等杂志做过模特，还参加过许多代言活动、展会，扮演过几个小的电

第五章　冠军团队

影角色，主持了一季《超级减肥王》，担任过一家全球性非营利健康组织的大使；也许最为奇怪的是，在20世纪90年代末，也就是在她职业生涯的上升期，她主演了名为《安娜·库尔尼科娃扣杀球场》的一款视频游戏，这是一款在初代游戏机中广受好评的网球视频游戏。在这款游戏中，人们不仅可以让动画版国际女子网球协会中的球员相互对抗，如库尔尼科娃和玛丽·皮尔斯，还可以选择其他的游戏角色来与球员对抗，比如吃豆人。这种名人出现在视频游戏中的情况是史无前例的，之后也只有像《托尼·霍克滑板》、《麦登橄榄球》、《国际足球》和《实况足球》这样的体育模拟游戏真正地超越它。

这些都表明库尔尼科娃的公共形象和个人品牌比网球事业的生命还要长。人们对她的关注点一直在身材，或身材与运动技能之间的差距上（举例而言，在德州扑克中，"安娜·库尔尼科娃"指包括A牌和老K的一手牌，这不仅是因为她名字的首字母是A和K，还因为这手牌看上去很不错，但其实玩起来很糟糕）。不幸的是，这更像是营销策略的自然副作用：人们过于关注外表，最终便会犯错。无论如何，库尔尼科娃的公共形象维持得非常久。我并非在向年轻运动员表明这是一个切实可行的营销策略，实际上，我认为对于一个在职业生涯的最后四年才成为合法成人的运动员来说，鼓动过度性感会滋生许多道德问题。运动员选择这种营销之路时既要鼓足勇气，也会面临着诸多风险。我想说明的是：父母要对孩子的营销策略负责。库尔尼科娃的事例非常值得一提，这既是因为她的事例极其成功，也是因为它与之前针对形象展开的广泛讨论紧密相关。安娜·库尔尼科娃的团队实现了目标，即将运动员作为竞技之外的独立存在来进行营销，使其在体育界之外也能够生存下来。

商业价值本质上是一种长期的生存策略。每个运动员都需要明白在赛场之外如何生存下去，他们的名声如何长存。与顶尖体育运动中的其他基本要素一样，这是一个不断变化的现实性问题。我们需要不断地调整应对策略，以适应运动员职业生涯中各个阶段的不同需求。为了让运动员的公共形象更有生命力，让其影响力更加长久，我们既要时刻地关注变化，也要欣然地接受、拥抱这些变化。运动员如何塑造自己的形象，最终取决于他们自己。但是作为父母和教练，我们的职责就是向他们灌输一种责任感，让他们意识到自身的形象既会带来持久的影响，更是他们最重要的资产。

后记

本书涉及各种不同的话题，从务实性的内容到抽象化的概念，从金融到哲学，无所不包。此外，本书还讨论了网球界内外的训练以及体育行业的方方面面。于我个人而言，最重要的是利用各个专业领域中塑造冠军的要素搭建一个知识框架。而结果则是成长过程中最常被提及却最不为人知的要素之一。

我并不是说人们的关注点只能放在输赢上，而是想指出所有体育运动的核心理念，即不懈奋斗，不断尝试，积累经验，以取得更大的成功。此处真正想谈论的其实是后果：每一次行动，每一次不作为，从职业生涯中最重要的选择到赛场上最小的肌肉抽搐，都会产生相应的连锁反应。在前进的过程中，我们要不断地研究、理解与考量每一个后果，也包括最惨痛的失败。我们可以再回想一下本书中关于GPS的类比：若我们不能诚实地面对自己的现状与目标，甚至不能在偏离路线时做出相应的调整，这将是多么荒谬可笑。

本书希望读者既了解与冠军培养相关的各方面内容，又重视这样一个关键点，即成为冠军的征途是一个累积的过程，是在各个层面上不断变化与成长的过程。书中列举的每一条建议、提及的每一个训练事项最终都会转化成一系列的微弱优势；一些小事会赋予运动员某种小的优势，当这些小的优势聚集起来之后，就会越变越大，最终汇聚成一股无人可挡的专业力量，让你遥遥领先于对手。

每重复一次、每反思一次失败、每抓住一次机遇、每获得一份支持与赞同、每赢得一分，运动员都能由此更进一步。运动员职业生涯的成功很少只取决于某一个结果、某一次选择和某一个奉献时刻。事实上，持久的努力就如潮水一般，受各种因素的影响，潮起潮落、反反复复。逐渐地，随着运动员的成长，其职业生涯会出现一些高峰与低谷，就如同季节更替一般。

这些比喻就是一些老话，就像承认它们是老话一样。但是，这些都无关紧要，因为正如本书开头所述，我希望你们不要忽视这些老话，而是要深入其中，去探寻这些老话中蕴藏的真理。当我们开始审视真相，抛开所有的虚假与伪装，去除年轻人拥有的浮夸干劲以及资深人士持有的陈旧理念，最终便会发现这个简单的真理：顶尖体育运动就是需要不停地参加比赛、闯关升级，因为成为冠军之路就是一个永无止境的过程。

我希望各位读者不仅能从书中学到许多知识，还能学到一些学习方法，以理解本书的深奥之处和沟通的不易之处。家长、教练或求知欲极强的运动员可将这些知识传递给你们坚决支持的人：你的孩子、学生或者你自己。此外，我还希望各位能理解这些原则的普适性，即它们不仅适用于运动员，还适用于我们当中的每一个普通人。我也希望各位能够更好地理解不同训练形式的本质，以及追随卓越的召唤可以为我们带来些什么。